스포츠지도사

수영

실기·구술 완전정복

이현진 편저

머리말

100세 시대가 도래하고, 건강한 삶에 대한 관심이 커짐에 따라 스포츠의 중요성이 강조되고 있습니다. 국민체육진흥공단에서 주관하는 스포츠지도사는 체육지도자를 꿈꾸는 많은 수험생들이 반드시 취득해야 할 필수 자격증이 되었습니다. 본서는 스포츠지도사 수영 종목을 처음 선택하시는 분들도 쉽게 접근할 수 있도록, 그림과 사진으로 풀어서 설명하고 있습니다.

본서의 특징은 다음과 같습니다.

- 다양한 그림과 사진을 통해 초보 수험자도 쉽게 이해하면서 공부할 수 있도록 학습 효율성을 높였습니다.
- 이론과 함께 알아야 할 내용으로 구성된 개념⁺, 팁⁺로 혼자서도 재미있게 학습할 수 있습니다.
- 출제기준에 따른 실기편 구성에 Youtube 동영상을 연계하여 실기 준비에 도움이 될 수 있도록 하였습니다.
- 최근 출제경향을 반영하여 엄선한 구술 100문100답을 통해 단 한권으로 완벽한 실전 대비가 가능합니다.
- 수영인이 알아두면 좋을 수영 용어집을 제공하여 합격 이후 실전에서도 도움이 됩니다.

본서가 스포츠지도사 수영 실기·구술을 준비하는 수험생 여러분들을 합격의 길로 인도하는 길라잡이 역할을 톡톡히 해내기를 바랍니다. 더불어 여러분께서 수영을 쉽게 이해하는 데 도움이 되고, 시험 합격 이후의 지도자 생활에까지 오래도록 기억에 남는 책이 되기를 희망합니다. 끝으로 이 책이 출간될 수 있도록 많은 도움을 주신 박영사의 임직원분들에게 감사의 말씀을 전합니다.

저자 이현진

시험 안내

1 스포츠지도사 소개

1·2급 전문 스포츠지도사	학교·직장·지역사회 또는 체육단체 등에서 체육을 지도할 수 있도록 국민
1·2급 생활 스포츠지도사	체육진흥법에 따라 해당 자격을 취득한 사람
1·2급 장애인 스포츠지도사	장애유형에 따른 운동방법 등에 대한 지식을 갖추고 해당 자격종목에 대하여 장애인을 대상으로 전문체육이나 생활체육을 지도하는 사람
유소년 스포츠지도사	유소년(만3세부터 중학교 취학 전까지를 말함)의 행동양식, 신체발달 등에 대한 지식을 갖추고 해당 자격종목에 대하여 유소년을 대상으로 체육을 지도하는 사람
노인 스포츠지도사	노인의 신체적·정신적 변화 등에 대한 지식을 갖추고 해당 자격종목에 대하여 노인을 대상으로 생활체육을 지도하는 사람

2 시험 방법

◆ 시험 세부사항은 변동될 수 있으므로 반드시 시행처(https://sqms.kspo.or.kr)의 최종 공고를 확인하시기 바랍니다.

3 실기

◆ 실기 시험장 예상 도식도

응시자 대기석	1레인	2레인	3레인	4레인	5레인	6레인

스타트 위치

시험위원	시험위원

◆ 실기검정 소요장비

주관단체 준비사항	초시계, 필기도구, 테이블, 휘슬, 영상장비 등
지원자 준비사항	수영복, 수모(수영모자), 수경(물안경), 수건, 세면도구

◆ 실기평가 영역

▌기술분류

대분류	세부 기술
경영	영법 동작기술(스타트, 턴, 영법), 기본 기술 → 기준기록 內 완영

1급 생활스포츠지도사

영역	내용	평가기준
영법 동작기술 (스타트/턴)	출발자세(10점)/ 턴자세(10점)	① 출발 규정에 의해 – 출발대 위 오르기 전 준비정도 – 출발예비신호에 따르는 정도 – 출발신호에 따른 입수동작 ② 턴 동작에 의해 – 접영과 평영에서 양손 터치 평가 – 배영과 평영으로 연결되는 턴 동작 평가 – 턴을 시작하여 완료하는 자세를 평가

채점기준	득점
아주 능숙	10
능숙	8
보통	6
약간 미숙	4
미숙	2

영역	내용	평가기준
영법 동작기술 (접영, 배영, 평영, 자유형)	영법자세(20점)	① 영법 동작에 의해 – 킥동작에 대한 평가 – 팔동작에 대한 평가 – 호흡법에 대한 평가

접영	발끝 모음과 구부림
배영	팔꿈치 각도, 물 잡는 동작
평영	글라이딩
자유형	적절한 회전 반경, 팔꿈치 높이

채점기준	득점
아주 능숙	20
능숙	17
보통	14
약간 미숙	10
미숙	5

영역	내용	평가기준		
기본기술	수영 능력 평가(60점): 기록	① 개인혼영 100M 기록 측정을 통해 – 완영 능력으로 체력 평가 – 완영 기록으로 체력우수 평가 ※ 4개 종목(접, 배, 평, 자) 25M씩 완영 **남자 1'25"00, 여자 1'35"00 이내에 완영하지 못하면 영법 동작기술에 상관없이 불합격 처리**		

구분	남자	여자
60점	~ 1'10"00	~1'20"00
57점	1'10"01~1'15"00	1'20"01~1'25"00
54점	1'15"01~1'20"00	1'25"01~1'30"00
51점	1'20"01~1'23"00	1'30"01~1'33"00
48점	1'23"01~1'25"00	1'33"01~1'35"00

▌2급 생활 · 유소년 · 노인스포츠지도사

영역	내용	평가기준	
영법 동작기술 (스타트/턴)	출발자세(10점)/ 턴자세(10점)	① 출발 규정에 의해 – 출발대 위 오르기 전 준비정도 – 출발예비신호에 따르는 정도 – 출발신호에 따른 입수동작 ② 턴 동작에 의해 – 접영과 평영에서 양손 터치 평가 – 배영과 평영으로 연결되는 턴 동작 평가 – 턴을 시작하여 완료하는 자세를 평가	

채점기준	득점
아주 능숙	10
능숙	8
보통	6
약간 미숙	4
미숙	2

영역	내용	평가기준
영법 동작기술 (접영, 배영, 평영, 자유형)	영법자세(20점)	① 영법 동작에 의해 – 킥동작에 대한 평가 – 팔동작에 대한 평가 – 호흡법에 대한 평가

접영	발끝 모음과 구부림
배영	팔꿈치 각도, 물 잡는 동작
평영	글라이딩
자유형	적절한 회전 반경, 팔꿈치 높이

채점기준	득점
아주 능숙	20
능숙	17
보통	14
약간 미숙	10
미숙	5

영역	내용	평가기준
기본기술	수영 능력 평가(60점): 기록	① 개인혼영 100M 기록 측정을 통해 – 완영 능력으로 체력 평가 – 완영 기록으로 체력우수 평가 ※ 4개 종목(접, 배, 평, 자) 25M씩 완영 남자 1'30"00, 여자 1'40"00 이내에 완영하지 못하면 영법 동작기술에 상관없이 불합격 처리

구분	남자	여자
60점	~ 1'15"00	~1'25"00
57점	1'15"01~1'20"00	1'25"01~1'30"00
54점	1'20"01~1'25"00	1'30"01~1'35"00
51점	1'25"01~1'28"00	1'35"01~1'38"00
48점	1'28"01~1'30"00	1'38"01~1'40"00

4 구술

◆ 구술 시험장 예상 도식도

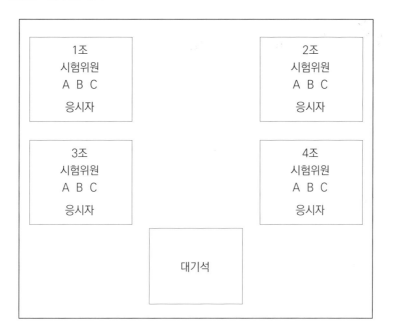

◆ 구술평가 영역

- 평가항목: 규정 2개(40점), 지도방법 1개(40점), 태도(20점)
- 시험방식: 지원자가 영역별로 문제지를 추첨하여 실시
- 합격기준: 70점 이상(100점 만점)

영역	배점	분야
규정	40점	시설, 도구, 경기운영
지도방법	40점	도구, 스트로크, 지도대상별 지도방법
태도	20점	질문이해, 내용표현(목소리), 자세·신념, 복장·용모

구성과 특징

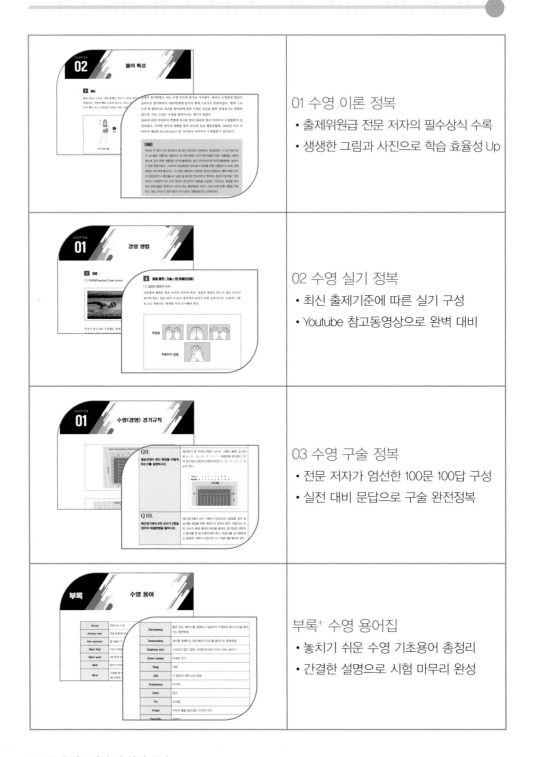

01 수영 이론 정복
- 출제위원급 전문 저자의 필수상식 수록
- 생생한 그림과 사진으로 학습 효율성 Up

02 수영 실기 정복
- 최신 출제기준에 따른 실기 구성
- Youtube 참고동영상으로 완벽 대비

03 수영 구술 정복
- 전문 저자가 엄선한 100문 100답 구성
- 실전 대비 문답으로 구술 완전정복

부록⁺ 수영 용어집
- 놓치기 쉬운 수영 기초용어 총정리
- 간결한 설명으로 시험 마무리 완성

목차

수영 일반 이론

SWIM
MING

CHAPTER 01

수영의 역사

1 고대 수영의 역사

(1) 수영의 기원

정확한 기록은 없기 때문에 그 기원은 확실치 않으나, 인간 문명의 역사와 함께 원시시대부터 시작되었을 것으로 추측하고 있다. 원시시대에서 수영의 용도는 생존과 하나로 볼 수 있다. 어패류를 잡아 먹을거리를 해결하거나, 보다 나은 거주지를 찾기 위해 혹은 자연재해로부터 안전을 지키기 위해 자연스럽게 수영을 터득했을 것으로 보고 있다. 또한 지금처럼 물 위로 다리가 있지 않았기 때문에 강과 개울을 건너기 위한 교통수단으로도 헤엄을 쳤다고 한다. 기원전 1천년경의 것으로 추정되는 헤엄치는 모양의 석상이나 벽화가 고적으로 남아있기도 하며, 고대사회에 수중전투가 있었다는 기록과 수중에서 작업하던 사람이 있었다는 기록도 발견되었다.

유럽의 여러 나라에서 르네상스 운동이 일어나면서 인간이 운동을 하기 시작했고, 이러한 점진적인 체육발전 중에 체육사상이 확산되면서 수영 또한 근대수영으로 발전하기 시작했다.

(2) 최초 수영경기의 시작

수영은 1800년대 초반 영국에서 스포츠로 떠올랐다. 1828년 최초의 실내수영장인 세인트 조지 목욕탕이 대중에게 개방되었으며, 1837년에는 내셔널 수영협회가 런던 주변에 설치된 6개의 인공수영장에서 정기적으로 수영경기를 개회하였다. 이를 시작으로 수영경기의 인기가 점차 높아짐에 따라 1880년 최초의 국가 운영단체인 아마추어 수영협회가 결성되었다. 당시 전국에 300개 이상의 지역 클럽이 운영되었다고 한다.

- 1538년 독일의 니콜라스 빈만(Nicolas Wynman)이라는 학자가 세계 최초 수영교본으로 불리는 『콜림베테스: Colymbetes』 수영 전문 교본을 발표하였다.
- 최초의 수영협회는 1837년 John Strachan에 의해 설립된 National Swimming Society이다.

2 현대 수영의 역사

(1) 현대 수영의 발전

수영클럽의 증가와 함께 법적으로도 수영을 장려하는 규정이 생겨나면서 수영장 건설이 증가하였고 이는 수영 인구의 증가로 이어졌다. 대규모 수영클럽 팀들이 급속도로 증가하면서 1880년대에 들어서 현대 스포츠로 분류되었다. 현대 스포츠의 한 종목으로 자리를 잡아감에 따라 수영은 상금을 통한 경쟁경기로 변화하였으며, 이는 스피드 수영을 발전시키는 계기가 되었다.

1866년 육상 아마추어 연맹에 자극을 받아 1869년 영국 아마추어 수영협회가 설립되었다. 이러한 영국의 영향을 받아 1878년 독일 베를린협회, 1888년 미국 아마추어 애슬릿 유니온(AAU) 등 각국에서 아마추어 수영협회가 생겨났다.

개념⁺

1844년 두 명의 미국 원주민이 참가한 수영대회가 런던에서 개최되었다. 이 경기에서 영국 선수들은 전통적인 평영으로 경기에 임했고 미국 원주민들은 변형 크롤영을 사용하였는데, 당시 변형 크롤영은 미국인들에게는 널리 퍼져있었지만 영국인들에게는 알려지지 않은 영법이었다. 그리하여 우승메달은 130피트의 길이를 변형 크롤영으로 30초 만에 헤엄친 선수에게 돌아갔다. 이 변형 크롤영의 수영법은 영국의 평영보다 훨씬 빠른 것으로 입증되었으나 풍차돌리기 같은 팔 동작과 연속적으로 반복되는 발차기 동작을 "야만적이고 비유럽적"으로 여긴 영국은 1873년까지 평영을 고집했다. 이후로도 평영을 계속하던 영국인들은 한쪽으로 누워서 하는 평영(횡영) 사이드 스트로크에 변형 크롤을 적용하는 것을 시작으로 점차 발전시켜 지금의 크롤영법으로 진화하였다.

(2) 올림픽 수영

1896년 제1회 아테네 하계 올림픽에서 시행된 수영경기는 남성들만의 경기였으며, 1912년 제5회 스톡홀름 하계 올림픽을 시작으로 여성들도 출전할 수 있게 되었다.

1960년 로마 하계 올림픽 수영경기 중 다이빙 종목에 이필중 선수가 한국 최초로 출전하였다. 이를 시작으로 2008년 베이징 올림픽 수영의 경영 부문에 박태환 선수가 금메달과 은메달을 한국 최초로 획득하였다.

> **개념⁺**
>
> 쿠베르탕 프로이센은 프랑스전쟁에서 패배한 조국을 재건하기 위해 교육개혁을 주장하던 중 "육체와 정신의 조화"를 지향한 고대 그리스의 체육에 매혹되어 1894년 IOC를 창설하였고, 이후 4년마다 올림픽을 개최하는 데 성공했다.

(3) 국제수영연맹(World Aquatics, (구)FINA)

1908년 런던 올림픽에서 창립되었으며 경기단체는 스위스 로잔에 위치하고 있다. 국제수영연맹은 경영, 수구, 다이빙, 아티스틱 스위밍, 오픈워터, 하이다이빙 총 6개의 종목과 마스터즈를 주관한다.

최초의 국제수영연맹은 FEDERATION INTERNATIONALE DE NATATION의 약자 FINA로 1908년부터 2022년까지 114년간 명칭되었다. 이후 2022년 12월 호주에서 국제수영연맹의 명칭과 로고가 바뀌는 투표를 진행하였고, 압도적인 표 차이로 승인되어 2023년부터 (구)FINA에서 새로운 명칭 World Aquatics로 개칭되어 불리게 되었다.

3 우리나라 수영의 역사

(1) 우리나라 수영의 발전

우리나라의 수영에 관해서는 1898년 무관학교 학생들에 의해 처음으로 시작되었다는 기록이 있다. 그 후 1906년에는 학교 체육으로 수영을 가르쳤고, 1929년 제1회 전국 수영대회가 열리면서 전국적으로 널리 보급되었다. 같은 해에 대한 수영연맹이 설립되어 수영의 생활화와 수영경기의 보급, 우수한 경기인 양성을 지향하였다. 이후에도 해외경기의 참가 등을 통해 수영실력을 키웠고, 현재는 국제무대에서 대한민국을 알리고 있다.

(2) 우리나라 수영경기의 역사

1898년	우리나라 최초의 수영교육: 무관학교 칙령 제11호 제17조에 의해 1989년 하계 방학부터 무관학교 학생들이 수영을 하기 시작
1909년	교육적 수영의 시초: 하계방학을 이용하여 2주간 무관학교의 교장 및 교직원 20여 명과 학생 40여 명이 숙영하면서 강습회를 개최
1916년	• 원산청년회 주최로 송도원 해수욕장에서 수영강습회와 유영대회가 20일 동안 열림 • 한강에 서빙고 수영장을 개설하여 600여 명에 달하는 초등학생들에게 수영강습을 하였으며, 임시열차까지 운행하는 대규모의 수영 지도사업으로서 당시 많은 호응을 받음
1920년	통영, 부산 송도, 인천, 나주, 여수 등 각 지방에서 수영대회 개최
1925년	1925년 이후 원산, 제주도 조천과 모슬포, 마산, 대구, 군산, 해주 등에서 지속적으로 개최
1929년	• 조선체육회와 동아일보사 공동 주최로 원산 송도해수욕장에서 제1회 수영강습회 개최 • 9월 동아일보사 주최로 경성제대(서울대학교)에 신설된 25m 수영장에서 한국 최초의 전국수영대회 '전조선수영대회' 개최
1930년	• 조선수영구락부 중심으로 움직이던 조직을 수상경기협회로 개명 발족 • 수상경기협회의 명으로, 9월 용산 철도 수영장에서 조선체육회와 공동으로 제1회 전조선수상경기대회 개최
1946년	조선수상경기연맹으로 개칭
1948년	대한수상경기연맹으로 개칭하면서 국제수영연맹에 가입
1954년	대한체육회에 가입
1966년	대한수영연맹으로 개칭
1978년	아시아수영연맹에 가입

1984년	제2회 아시아 수영선수권대회를 개최하며, 다른 아시아 국가들과 어깨를 나란히 하는 데 이바지함
1986년	• 서울에서 제10회 아시안게임 개최 • 일반인들에게 잠실올림픽수영장을 개방하면서 생활체육으로서의 수영의 입지를 서서히 조성하는 계기가 됨
1988년	• 서울에서 제24회 서울 올림픽 개최 • 개최 이후부터 수영 경기력 향상은 물론, 전반적인 수영의 경기운영법이나 심판법이 체계화되는 계기가 됨 • 일반인들에게 올림픽수영장을 개방함으로써 생활체육 수영의 붐을 일으킴

(3) 우리나라 올림픽 수영경기대회의 역사

1960년	로마 하계 올림픽에 최초로 출전하였으며, 최초 참가 종목은 다이빙
2004년	아테네 하계 올림픽 대회에서 남유선 선수가 한국 최초로 개인혼영 400m 7위 기록
2008년	베이징 올림픽에서 박태환 선수가 경영 부문 최초로 자유형 400m 금메달, 자유형 200m 은메달 획득
2012년	런던 올림픽에서 박태환 선수가 자유형 200m & 400m 각각 은메달 획득

(4) 우리나라 아시안게임 대회의 역사

1958년	제3회 도쿄 아시안게임에 수영 국가대표의 최초 참가
1962년	• 제4회 자카르타 아시안게임에서 우리나라 수영 역사상 첫 동메달 획득 • 동메달: 진장림 선수 평영 100m
1970년	• 제6회 방콕 아시안게임에서 금메달 3개, 은메달 1개, 동메달 1개 획득 • 송재웅 선수 하이다이빙, 조오련 선수 자유형 400m & 1500m 신기록 수립 및 금메달 획득 • 금메달: 조오련 선수 자유형 400m & 자유형 1500m(신기록 수립), 송재웅 선수 하이다이빙 • 은메달: 김영채 선수 하이다이빙 • 동메달: 송재웅 선수 스프링보드 다이빙

1974년	• 제7회 테헤란 아시안게임에서 금메달 2개, 은메달 2개 획득 • 금메달: 조오련 선수 자유형 400m & 자유형 1500m • 은메달: 조오련 선수 자유형 200m, 고호석 선수 스프링보드
1978년	• 제8회 방콕 아시안게임에서 동메달 3개 획득 • 동메달: 조오련 선수 접영 200m, 최윤정 선수 배영 100m & 배영 200m
1982년	• 제9회 뉴델리 아시안게임에서 금메달 3개, 은메달 4개, 동메달 5개 획득 • 금메달: 최윤희 선수 배영 200m & 배영 100m & 개인혼영 200m • 은메달: 방준영 선수 접영 200m, 최윤정 선수 배영 200m & 배영 100m & 개인혼영 200m • 동메달: 김금희 선수 접영 200m, 이시은 선수 개인혼영 400m & 자유형 400m & 자유형 800m, 권우정·김금희·최윤정·최윤희 선수 여자 혼계영 400m
1986년	• 제10회 서울 아시안게임에서 금메달 2개, 동메달 5개 획득 • 금메달: 최윤희 선수 배영 100m & 배영 200m • 동메달: 최윤희 선수 개인혼영 200m, 이은희 선수 접영 200m, 박성원 선수 평영 200m, 김진숙·박성원·이홍미·최윤희 선수 여자 혼계영 400m, 이선기 선수 남자 스프링 다이빙 개념⁺ 제10회 서울 아시안게임은 대한민국에서 최초로 개최된 종합 국제 스포츠대회이다.
1990년	• 제11회 베이징 아시안게임에서 금메달 1개, 은메달 1개, 동메달 6개 획득 • 금메달: 지상준 선수 배영 200m • 은메달: 김은정·명경현·이문희·이은주 선수 여자 계영 400m • 동메달: 이윤안 선수 접영 200m, 김성태 선수 개인혼영 400m, 권상원·이윤안·임철성·지상준 선수 남자 계영 800m, 김동현·윤주일·이윤안·지상준 선수 남자 혼계영 400m, 김수진·박성원·유홍미·이창하 선수 여자 혼계영 400m, 권오길·박문선·박석범·방중길·안상훈·유승훈·이상원·이상현·이정석·장시영·정동섭·정보근·정영식 선수 남자 수구
1994년	• 제12회 히로시마 아시안게임에서 금메달 2개, 은메달 1개, 동메달 6개 획득 • 금메달: 방승훈 선수 자유형 400m, 지상준 선수 배영 200m • 은메달: 방승훈·우원기·우철·지상준 선수 남자 계영 800m • 동메달: 우원기 선수 자유형 400m, 정원경 선수 자유형 400m, 배윤경·이보은·이지현·정원경 선수 여자 계영 400m, 배주미·이동숙·이보은·이지현 선수 여자 혼계영 400m, 최유진·최정윤 선수 싱크로 듀엣, 최정윤 선수 싱크로 솔로

1998년	• 제13회 방콕 아시안게임에서 금메달 1개, 동메달 7개 획득 • 금메달: 조희연 선수 접영 200m • 동메달: 한규철 선수 접영 200m & 접영 100m, 최수민 선수 배영 100m, 홍찬임 선수 배영 200m, 조희연 선수 개인혼영 200m, 계윤희 · 심민지 · 조희연 · 심민지 선수 여자 혼계영 400m, 고윤후 · 감병현 · 우철 · 한규철 선수 남자 계영 800m
2002년	• 제14회 부산 아시안게임에서 금메달 1개, 은메달 5개, 동메달 10개 획득 • 금메달: 김민석 선수 자유형 50m • 은메달: 선소은 선수 자유형 50m, 조성모 선수 자유형 1500m, 강민경 · 임선영 선수 3m 싱크로 다이빙, 권경민 · 조관훈 선수 3m 싱크로 다이빙, 장윤경 선수 싱크로 솔로 은메달 • 동메달: 한규철 선수 자유형 400m & 자유형 1500m, 고윤호 · 김민석 · 성민 · 한규철 선수 남자 계영 400m, 성민 · 손성욱 · 유정남 · 고윤호 선수 남자 혼계영 400m, 고윤호 · 김방현 · 최원일 · 한규철 선수 남자 계영 800m, 김예슬 · 김현주 · 심민지 · 하은주 선수 여자 계영 800m, 김현주 · 선소은 · 심민지 · 류윤지 선수 여자 계영 400m, 구효진 · 박경화 · 선소은 · 심민지 선수 여자 혼계영 400m, 권경민 · 조관훈 선수 10m 싱크로 다이빙, 김민정 · 장윤경 선수 싱크로 듀엣
2006년	• 제15회 도하 아시안게임에서 금메달 3개, 은메달 2개, 동메달 12개 획득 • 금메달: 박태환 선수 자유형 400m & 자유형 200m & 자유형 1500m • 은메달: 박태환 선수 자유형 100m, 최혜라 선수 접영 200m • 동메달: 백수연 선수 평영 100m, 성민 선수 배영 50m, 정슬기 선수 평영 200m, 한규철 선수 개인혼영 200m & 개인혼영 400m, 강용환 · 박태환 · 임남균 · 한규철 선수 남자 계영 800m, 박태환 · 성민 · 임남균 · 한규철 선수 남자 계영 400m, 박태환 · 성민 · 유승현 · 정두희 선수 남자 혼계영 400m, 류윤지 · 신해인 · 이남은 · 정슬기 선수 여자 혼계영 400m, 박나리 · 이겨라 · 정유진 선수 여자 계영 800m, 권경민 · 조관훈 선수 싱크로나이즈 10m 플랫폼, 권경민 · 조관훈 선수 싱크로나이즈 3m 스프링보드
2010년	• 제16회 광저우 아시안게임에서 금메달 4개, 은메달 3개, 동메달 8개 획득 • 금메달: 박태환 선수 자유형 100m & 자유형 400m & 자유형 200m, 정다래 선수 평영 200m • 은메달: 박태환 선수 자유형 1500m, 최규웅 선수 평영 200m, 박선관 · 박태환 · 정두희 · 최규웅 선수 남자 혼계영 400m

2010년	• 동메달: 서연정 선수 자유형 400m, 최혜라 선수 개인혼영 200m & 접영 200m, 김용식·박선관·박태환·배준모 선수 남자 계영 400m, 박태환·배준모·이현승·장상진 선수 남자 계영 800m, 박나리·서연정·이윤주·최혜라 선수 여자 계영 800m, 박지호·손태랑 선수 3m 싱크로나이즈 스프링보드, 박현선·박현하 선수 싱크로 듀엣
2014년	• 제17회 인천 아시아게임 개최, 은메달 2개, 동메달 5개 획득 • 은메달: 고미소·안세현·양지원·이다린 선수 여자 혼계영 400m, 김영남·우하람 선수 싱크로나이즈 다이빙 10m 플랫폼 • 동메달: 양정두 선수 접영 50m, 김영남·우하람 선수 3m 싱크로나이즈 스프링보드, 김나미 선수 1m 스프링보드, 우하람 선수 1m 스프링보드 & 10m 플랫폼
2018년	• 제18회 자카르타 아시안게임 금메달 1개, 은메달 3개, 동메달 7개 획득 • 금메달: 김서영 선수 개인혼영 200m • 은메달: 김서영 선수 개인혼영 400m, 김영남·우하람 선수 싱크로나이즈드 10m 플랫폼 & 싱크로나이즈드 3m 스프링 • 동메달: 안세현 선수 접영 100m, 강지석 선수 배영 50m, 이주호 선수 배영 100m, 고미소·안세현·문재권·이주호 선수 혼성 혼계영 400m, 강지석·김재연·박예린·김민주 선수 혼성 혼계영 400m, 김수지 선수 다이빙 1m 스프링보드, 우하람 선수 1m 스프링보드
2023년	• 제19회 항저우 아시안게임에서 금메달 6개, 은메달 8개, 동메달 15개 획득 • 금메달: 김우민 선수 자유형 400m, 김우민 선수 자유형 800m, 백인철 선수 자유형 50m, 지유찬 선수 자유형 50m, 황선우 선수 자유형 200m, 김건우·김우민·양재훈·이유연·이호준·황선우 선수 남자 계영 800m • 은메달: 권세현 선수 여자 평영 200m, 김우민 선수 자유형 1500m, 이주호 선수 배영 200m, 고하루·김서영·김혜진·박수진·이은지·정소은·허연경 선수 여자 혼계영 400m, 김영범·김지훈·이호준·이주호·조성재·최동열·황선우 선수 남자 혼계영 400m, 김영범·김지훈·양재훈·이유연·이호준·지유찬·황선우 선수 남자 계영 400m, 김영남·이재경 선수 싱크로나이즈 10m 플랫폼, 우하람·이재경 선수 싱크로나이즈 3m 스프링보드

2023년	• 동메달: 김서영 선수 개인 혼영 200m, 이은지 선수 배영 200m, 이은지 선수 배영 100m, 이주호 선수 배영 100m, 이호준 선수 자유형 200m, 최동열 선수 평영 100m, 최동열 선수 평영 50m, 황선우 선수 자유형 100m, 김서영·박수진·한다경·허연경 선수 여자 계영 800m, 김서영·이은지·이주호·최동열·허연경·황선우 선수 혼성 혼계영 400m, 박재훈 선수 남자 10km, 김수지 선수 1m 스프링보드, 김수지·박하름 선수 싱크로나이즈 3m 스프링보드, 우하람 선수 1m 스프링보드, 이재경 선수 3m 스프링보드

개념+   **혼성 혼계영**

순서에 관계없이 남자 2명과 여자 2명으로 구성되어 있다. 미리 등록한 선수명단에 따라 시합이 이루어지며 남, 여 대결이 가능하다.

개념+

2019년 국제수영연맹이 개최하는 제18회 광주세계선수권대회 및 광주세계선수권 마스터즈 대회가 한국에서는 처음으로 열렸다. 이로서 한국은 독일, 이탈리아, 일본에 이어 네 번째로 5대 스포츠 축제를 모두 개최한 나라가 됐다. 이 대회의 다이빙 경기에서 김수지 선수가 스프링보드 1m 동메달을 획득했다.

CHAPTER 02

물의 특성

1 밀도

물의 밀도는 1이다. 어떤 물체든 밀도가 1보다 작으면 물에 뜨고, 1보다 크면 가라앉는다. 사람의 뼈와 근육의 밀도는 1보다 크고, 지방의 밀도는 1보다 작다. 따라서 뼈가 크고 근육질의 지방이 적은 사람은 상대적으로 물에 잘 뜨지 않는다.

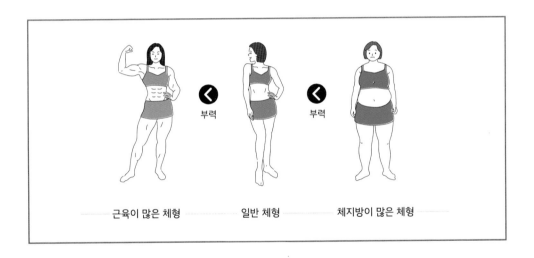

근육이 많은 체형   일반 체형   체지방이 많은 체형

한편 바닷물에는 염분이 녹아있어 동일한 양의 민물보다 밀도가 더 크기 때문에 바닷물에서 뜨는 것이 민물에서 뜨는 것보다 수월하다. 또한 물은 온도가 낮을수록 밀도가 커지는 특성이 있기 때문에 우리는 따뜻한 물보다 차가운 물에서 더 쉽게 뜰 수가 있다.

2 부력

(1) 부력

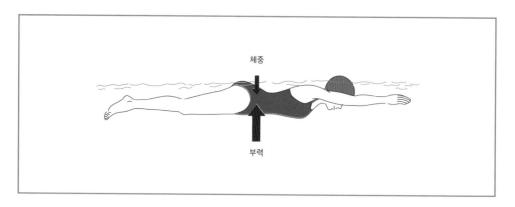

중력에 대항해 수직상방으로 작용하는 힘으로, 신체를 위로 밀어 뜨게 하는 힘을 부력이라고 한다. 우리 몸이 물에 잠기면 물은 모든 방향에서 몸에 압력을 가한다. 물속에 잠긴 물체는 그 물체의 부피만큼 물의 무게에 해당하는 상향의 힘, 즉 부력을 받게 된다.

사람은 숨을 들이마셔서 흉곽을 부풀리면 신체의 체용적이 증가하여 수중에서 더 많은 공간을 확보할 수 있고, 부력을 증가시킬 수가 있다. 따라서 숨을 들이마신 상태로 물속에 있으면 쉽게 뜰 수 있지만, 반대로 숨을 끝까지 내쉬면 가라앉게 된다.

(2) 부력중심

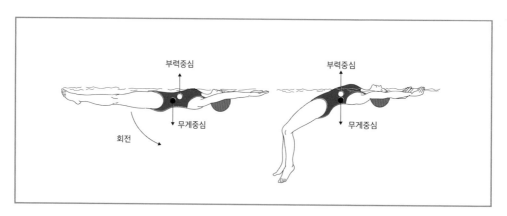

수중에 있는 모든 물체는 부력의 영향을 받는다. 우리가 물에 들어가면 신체를 띄우는 부력중심은 물 밖으로 작용하고 신체를 가라앉게 하는 무게중심은 물 아래로 작용하여, 서로 수직이 될 때까지 신체를 회전시킨다. 따라서 수중에서 가만히 있으면 상체는 부력중심으로 인해 물 위로 떠오르고 하체는 무게중심으로 인해 물 아래로 가라앉게 되는 것이다. 이를 이용하여 위로 뜨려고 하는 상체를 수면 아래로 눌러줄 경우, 아래로 회전하려고 하는 하체가 수면 위로 뜨면서 스트림라인(유선형)의 형태를 만들게 된다. 이 스트림라인 형태는 수영할 때 중요한 개념이 된다.

3 항력

항력은 수영을 할 때 사람이 수행하는 동작에 반대로 작용하는 유체의 힘으로, 쉽게 말해 '저항'이라고 한다. 항력은 물체가 진행하는 방향과 항상 반대쪽으로 작용하고 지상보다 수중에서 더 크게 작용한다. 또한 액체나 기체와 같은 유체의 성질, 온도, 농도, 수영하는 사람의 자세 등에 따라서 크기가 달라진다. 항력은 크게 형태항력, 파동항력, 표면항력의 세 가지로 나뉜다.

(1) 형태항력

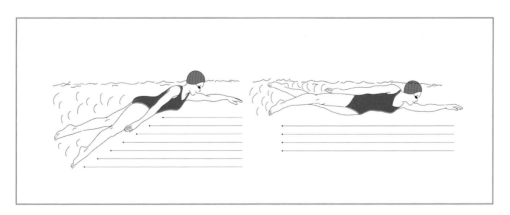

형태항력은 모양항력, 단면항력, 압력항력이라고도 불린다. 배가 물속에서 빠르게 이동하면 뒤쪽에는 난류지역이 발생하게 되는데, 이 난류 지역에서는 유체입자가 불규칙하게 뒤섞여서 소용돌이를 일으킨다. 이처럼 사람이 물속에서 헤엄칠 때 앞면과 뒷면 간의 유체압력 차이에 의해 발생된 저항을 형태항력이라고 하는데, 이는 물속에서 앞으로 나아갈 때 앞면의 면적이 클수록 증가한다. 수영할 때는 물살을 가르면서 앞으로 전진해야 하므로 형태항력을 최소화 할 수 있는 스트림라인 자세가 필수적이다. 이는 사이클 선수가 공기 저항을 최소화하기 위해 몸을 낮춰서 타는 것과 같은 이치이다. 만약 스트림라인 자세를 유지하지 못할 경우, 형태항력이 증가하여 앞으로 나아가는 속도를 느리게 할 뿐만 아니라 불필요한 에너지를 쓰게 된다.

(2) 파동항력

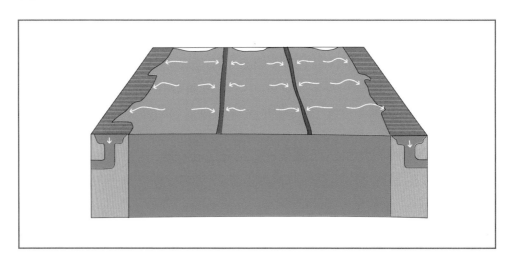

파동항력은 수면에서 형성된 난류에 의해 생긴 저항이다. 쉽게 말해 선수가 수면 가까이에서 움직이면 물결의 크기가 증가하고 파도가 발생하여 앞으로 나아가는 것을 방해하게 된다는 것이다. 영법 중에서는 특히 상하 움직임이 많은 평영과 접영이 파동항력의 영향을 크게 받는다. 파동항력을 줄일 수 있는 방법은 가능한 오랫동안 완전히 잠수하여 잠영을 하거나 자유형, 배영처럼 수면 위로 스치듯이 떠서 수영을 하는 것이다. 파동항력은 수영장의 배수로와 레인 줄의 유무에 따라 크기가 달라지는데, 만약 수영장에 레인 줄과 물이 빠지는 배수로가 없다면 파도가 계속 만들어지기 때문에 파동항력이 커지게 된다. 하지만 일반적인 수영장에는 배수로와 레인 줄이 있기 때문에 물결이 확산되는 파동항력을 줄여준다.

(3) 표면항력

형태항력, 파동항력과 매우 밀접한 관계가 있는 표면항력은 다른 말로 마찰항력이라고도 불린다. 표면항력은 우리가 물을 밀어 앞으로 나아가는 힘에 반대되는 힘을 말하며 이는 신체 표면에 의해 나타난다. 신체 표면에는 물의 점도나 속성에 의해서 경계층이 형성되는데, 이 경계층이 크면 그만큼 표면항력이 커지기 때문에 유체의 흐름이 느려진다. 따라서 수영선수들은 표면항력을 줄이기 위해 전신제모를 하거나, 얇은 첨단 소재로 만들어 몸에 밀착되는 수영복 또는 수영모자, 수경을 착용하기도 한다.

CHAPTER 03

수영의 종류

수영은 육상과 더불어 스포츠의 대표적 기초 종목으로서 경기 종류에 따라 경영(swimming), 다이빙(diving), 아티스틱 스위밍(Artistic swimming), 수구(Water polo), 오픈워터(Open water swimming), 하이다이빙(High diving) 총 6개의 종목으로 분류한다.

1 경영

경영은 영법(泳法)과 경기방식에 따라 자유형, 평영, 접영, 배영, 개인혼영, 계영, 혼계영 등의 종목으로 분류하며, 이들 종목은 다시 거리별로 세분된다. 각 세부종목은 예선과 결선 또는 예선과 준결선, 결선으로 치러진다.

	종목						
	영법				개인혼영	혼계영	계영
	자유형	배영	평영	접영			
50M	O	O	O	O			
100M	O	O	O	O	@		
200M	O	O	O	O	O	@	@
400M	O				O	O	O
800M	O						O
1500M	O						

* O = Long course / @ = Short course

2　다이빙

일정한 높이에서 물속으로 뛰어드는 과정에서의 달리기, 발 구름, 공중에서의 다이빙 기술과 우아함, 입수 자세를 채점한 후 득점으로 순위를 정하는 경기로, 남·여 스프링보드다이빙(Springboard Diving)과 플랫폼다이빙(Platform Diving) 경기로 나뉜다.

스프링보드다이빙(Springboard Diving)은 길이 4.8m, 너비 0.5m 이상인 스프링보드의 반동을 이용하여 발을 굴러 다이빙해 물에 뛰어드는 경기이다. 스프링보드의 높이에 따라 1m, 3m의 두 종목이 있으나 올림픽에서는 3m만 실시한다.

> **개념⁺ 스프링보드다이빙의 5가지 자세**
>
> 앞으로 뛰기(Forward), 뒤로 서서 앞으로 뛰기(Inward), 뒤로 뛰기(Backward), 앞으로 서서 뒤로 뛰기(Reverse), 비틀기(Twisting)

플랫폼다이빙(Platform Diving)은 일명 하이 다이빙이라고도 불린다. 너비 2m, 길이 6m의 플랫폼에서 스프링보드의 5가지 자세에 물구나무 서서 뛰어들기(Armstands)가 추가되어 6가지 자세가 있다. 플랫폼의 높이는 1m, 3m, 5m, 7.5m, 10m가 있으며 올림픽에서는 10m만 실시한다.

스프링보드다이빙 경기에서 남자는 11회, 여자는 10회의 다이빙을 하며, 플랫폼 다이빙 경기에서 남자는 10회, 여자는 8회의 다이빙을 실시한다. 스프링보드다이빙은 규정종목 5개(난이율 9.5 이하)와 자유종목 5~6개로 구성되며, 플랫폼 다이빙은 규정종목 4개(난이율 7.6 이하)와 자유종목 4~6개로 구성된다.

3 수구

수구는 수중 경기장에서 각각 7명으로 이루어진 두 팀이 물속에서 경기하는 팀 스포츠이다. 각 팀당 총 팀원은 교체선수 6명을 포함하여 13명이다. 19세기 후반 영국에서 시작되어 유럽, 미국 등지로 확산되었다. 1900년 남자 종목이 하계 올림픽경기대회의 정식종목으로 채택되었으며, 2000년부터는 여자 종목도 추가되었다.

골키퍼 외 포지션으로는 레프트백, 라이트백, 하프백, 레프트포워드, 센터포워드, 라이트포워드로 구성된다. 골키퍼를 제외한 선수들은 공격과 수비의 역할을 모두 할 수 있다. 물속에서 하는 유일한 구기 운동으로서 경기 형태가 핸드볼과 비슷하여 '물속의 핸드볼'이라고도 한다. '수구공'은 물에 뜰 수 있도록 방수 소재로 만들어져 있으며, 겉면은 그립감을 줄 수 있도록 거칠게 되어 있다. 공의 크기는 남자, 여자, 주니어 경기마다 각각 다르다.

공을 경기장 중앙에 놓고 경기를 시작하는 신호와 함께 양 팀의 선수들이 동시에 헤엄쳐 나아가 먼저 공을 차지한 쪽이 선제공격을 취한다. 한 차례의 공격은 30초로 제한되며, 선수들이 패스 등을 통하여 상대 골문으로 전진하여 공을 넣으면 1점을 얻는다. 경기는 8분씩 4쿼터(피리어드)로 진행되며 한 쿼터가 끝날 때마다 2분간의 휴식시간이 주어진다. 2쿼터가 끝나면 양 팀이 서로 자리를 바꾼다. 4쿼터 종료 후 동점인 경우에는 3분간 2차례의 연장전을 실시하고, 연장전도 동점일 때는 양 팀이 1명씩 승패를 가릴 때까지 페널티 슛을 실시한다. 경기 도중 공을 가지고 있는 팀은 타임아웃을 요청할 수 있으며, 횟수는 팀당 2차례이고 시간은 1분이다. 머리를 제외한 신체의 대부분이 물에 잠긴 상태에서 격렬한 몸싸움을 벌이기 때문에 '수중 격투기'라고 불리기도 할 만큼 수영기술 못지않은 힘과 지구력이 필요한 종목이다.

선수가 음악에 맞추어 수면 위에서 동작을 연기하는 경기 종목으로, 스컬과 에그비터킥은 아티스틱 스위밍의 가장 기본이자 중요한 영역이다. 먼저 여러 가지 스컬 중 서포트 스컬은 선수가 거꾸로 경기를 하는 동안 몸을 지탱하기 위해 가장 자주 사용된다. 에그비터킥은 손을 자유롭게 수행하면서 물속에서의 안정성과 높이뜨기를 가능하게 해주는 킥이다. 에그비터킥만으로 선수는 엉덩이 높이까지 몸을 띄울 수 있다.

경기 종목은 1명이 연기하는 솔로(solo)경기, 2명이 함께 하는 듀엣(duetto)경기, 그리고 4~8명이 경기하는 팀(team) 종목이 있으며 피겨 루틴, 프리 루틴, 테크니컬 루틴으로 나누어 연기하게 된다. 피겨 루틴의 경우 규정 종목을 이야기하는 것으로, 이미 선정이 되어 있는 7개의 규정 그룹, 즉 각 그룹에는 기본이 되는 4개 동작이 포함되어 있는데 대회 직전에 추첨으로 한 그룹을 선택해서 전 선수가 연기를 한다. 선수들은 4개의 규정 종목을 연기해야 한다. 프리 루틴은 말 그대로 안무나 음악에 제한이 없다. 복장, 메이크업은 아티스틱 스위밍 규정에 어긋나지 않는 한도 내에서 아름답게 또는 작품의 특성에 알맞게 예술성을 살리며 제작한다. 테크니컬 루틴은 필수 요소를 꼭 포함하여야 한다. 음악은 제한 없이 자유롭게 사용 가능하며 스포츠에 적합한 수영복과 머리장식, 간단한 화장을 허용한다.

5 오픈워터

오픈워터 스위밍은 바다와 강, 호수 등 자연의 물속에서 행해지는 수영 종목이다. 경기의 참가 연령은 대회가 열리는 해 12월 31일 기준으로 최소 14세 이상의 남, 여 청소년이어야 한다. 조수, 해류, 풍향차가 결승 시간의 주요 결정 요인으로, 경기날의 날씨는 예측 불허하고 매번 달라질 수 있기 때문에 수영하는 기술뿐만 아니라 자연 속에서 안전하게 수영할 수 있는 지식과 풍부한 경험이 필요하다.

세계선수권 및 올림픽 경기는 국제수영연맹이 승인한 장소와 코스에서 이루어져야 한다. 경기 종목은 아래의 표와 같다. 코스의 모든 지점은 최소 1.4m가 되어야 하며 수온은 경기 시작 2시간 전에 코스 중간지점의 수심 40cm에서 확인했을 때 최소 16℃, 최대 31℃이어야 한다.

올림픽	남/여 10km
세계선수권	남/여 5km, 10km, 혼성 팀경기 6km(4x1500m)

* 혼성팀 경기 시 남, 여 각 2명씩 4명이 되어야 하며, 각 선수는 1500m 랩을 완영해야 한다.

〈대회별 경기종목〉

6 하이다이빙

하이다이빙은 높이 20m 이상의 높은 플랫폼에서 물속으로 뛰어내리는 다이빙 종목이다. 2013년 바르셀로나 세계선수권대회부터 국제수영연맹(World Aquatics)은 다이빙과 별개로 하이다이빙을 정식종목으로 인정하였다.

종목은 남성 27m, 여성 20m 플랫폼 경기가 있다. 높은 플랫폼에서 다이빙해야 하므로 일반 다이빙과 달리 가능한 한 충격을 최소화하고 부상을 예방하기 위해 발로 다이빙해야 하며, 3초 이내에 수면에 발이 닿아야 한다. 일반적인 남자선수의 경우 최대 시속 90~96km로 하강하여 수면에 입수하게 되기 때문에 자세가 흔들려 복부나 가슴으로 떨어지면 위험한 상황이 생길 수 있어 풀장에는 구조대원 및 전문 의료진들이 항시 대기한다.

경기는 2개 세션으로 나누어 한 세션에 2번씩 총 4회 다이빙한다. 각 시도마다 7명의 심판이 점수를 부여해 최하점 2개와 최고점 2개를 뺀 중간치인 3개 점수에 난도를 곱해 총점이 가장 높은 선수가 우승하게 된다.

PART

02

스포츠지도사 일반 이론

SWIM
MING

스포츠의 이해

1 체육의 날

국민 체력향상을 위해 각종 체육행사와 아울러 올림픽의 이상을 구현하기 위하여 지정한 날로, 1962년 10월 15일 국민체육진흥법에 의하여 지정되었다.

2 스포츠와 공정

(1) 스포츠의 공정성 위반

스포츠 공정성 위반의 유형으로 승부조작, 의도적 반칙, 도핑문제, 도박, 유전자 조작 및 변형문제, 과학적 기술을 이용한 장비 및 복장 착용문제 등이 있다.

(2) 도핑

운동경기에서 선수가 경기성적을 올리기 위해 금지된 약물을 복용하는 것으로, 선수의 건강을 해칠 우려가 있을 뿐만 아니라 스포츠 정신에도 위배되기 때문에 IOC는 물론 각 국제·국내 경기연맹에서도 금지하고 있다.

> **개념⁺ 주요 도핑약물**
>
> 테스토스테론은 아나볼릭 스테로이드 계열 약물로, 1935년 이래 쭉 금지되어온 약물이다. 도핑테스트 역사에서도 가장 유서가 깊고 세계적으로 유명하며, 가장 흔하게 쓰이는 금지약물 중 하나이다. 종목을 가릴 것 없이 모든 운동선수에게 해당된다.

(3) 도핑금지이유

공정성	도핑을 함으로써 다른 선수보다 더 좋은 기록과 성적을 낼 수 있는 이점을 가지고 시작하기 때문에 스포츠 공정성에 위배됨
역할 모형	• 어린 선수들은 우수 선수들을 역할 모형으로 삼아 우수한 선수가 되기 위한 목표와 희망으로 삼음 • 이러한 우수 선수의 도핑은 어린 선수들에게 실망감, 회의감 등의 상대적 박탈감을 주어 운동에 대한 목표가 상실되는 부작용을 가져옴
건강상 부작용	금지된 약물 및 방법은 모두 건강상의 부작용을 초래하거나 최악의 경우 사망에 이를 수 있으며, 지속적으로 도핑을 할 경우 도핑에 의존하게 되어 정신건강에 심각한 부작용을 초래할 수 있음

개념+ **도핑 사례**

• 중국 수영선수 쑨양은 2014년 금지약물인 Trimetazidine(트리메타지딘)에서 양성반응을 보여 당시 3개월 자격정지를 받았다. 이후 2018년 도핑검사 시 샘플을 채집하는 과정에서 샘플유리병 및 검사보고서를 찢는 등 도핑검사 방해 혐의로 CAS 재심에서 4년 이상의 자격정지 징계를 받았다.
• 한국 수영선수 박태환은 2014년 인천아시안게임 도핑검사에서 스테로이드 약물인 Nebido(네비도)가 검출되어 메달 6개를 모두 박탈당했으며, 단체전 동료들의 메달 역시 박탈당했다. 이후 18개월 선수 자격정지 징계를 받았다.

팁+

• WADA: 세계반도핑기구
• CAS: 스포츠중재재판소 스포츠계에서 벌어지는 문제는 법원이 아닌 스포츠계 자체적으로 해결하자는 취지로 1984년 국제올림픽위원회(IOC)가 설립한 기관

CHAPTER 02

스포츠지도사 상식

1 생활체육

(1) 생활체육의 정의

일반 대중이 주체가 되어 삶의 질 향상을 목표로 습관 및 생활화된 체육을 말한다.

(2) 생활체육의 역할

생리적 역할	건강 발달 및 유지, 질병 예방 및 치료
심리적 역할	긴장 및 스트레스 완화, 삶을 대하는 긍정적인 마음
사회적 역할	타인과의 융합, 사회구성원으로서의 역할 참여

2 생활체육 프로그램

(1) 생활체육 프로그램의 개념

생활체육 프로그램이란 생활체육의 목표를 달성하기 위하여 필요한 내용, 방법 및 절차 등을 수행하기 위한 총체적 작업을 의미한다.

(2) 생활체육 프로그램의 구성

1) 프로그램 구성의 순서

수영 생활체육 프로그램을 효율적으로 운영하기 위해서는 먼저 프로그램을 개발해야 한다. 프로그램은 대상자의 연령, 프로그램의 주제, 지도할 내용, 사용할 도구 등을 체계적이고 구체적으로 구상하는 것이 좋다.

2) 프로그램 구성의 예시

대상자 연령	20~40대 남·녀
생활체육 수영 목표	자유형 배우기
프로그램명	초급반, 기초반 등
지도 내용	발차기, 팔돌리기, 호흡 등 분습법으로 지도
사용 도구	킥판, 풀부이, 각종 부력도구 등

3) 프로그램 구성의 구분

프로그램 구성은 연간 지속적으로 운영하는 상설 프로그램과 수영캠프, 수영특별강좌, 수영대회 등 특정 대상이나 일정기간 또는 특정 시기에 운영되는 특별 프로그램으로 구분된다.

(3) 생활체육 프로그램 실행 시 고려사항

① 참여자 중심으로 실행하고 있는가?
② 지도자와 참여자 간 인간적인 상호작용을 통해 구현되고 있는가?
③ 프로그램 계획서에 따라 운동하되, 지도자와 참여자의 합의에 의하여 효율적인 활동을 수반하는가?
④ 안전사고 예방 여부를 확인하고 있는가?

3 스포츠지도사

(1) 스포츠지도사의 정의

스포츠지도사는 일반적으로 '코치' 또는 '감독'이라고 부르며, '스포츠에서 선수에게 기술 등을 훈련, 지도하는 사람'을 말한다. 이는 스포츠에 직·간접적으로 참여한 개인이나 집단이 지향하는 방향을 설정해주고, 촉진자·교육자·중재자·격려자·동기유발자 등의 기능을 담당하는 것을 말한다.

(2) 스포츠지도사의 유형

스포츠지도사의 유형은 일반적으로 민주형, 권위형, 자유방임형, 인화중심형, 과업중심형으로 구분할 수 있다.

민주형	• 지도자가 목표설정에서부터 훈련방법 등에 대한 제반적인 사항을 위한 의사 결정에 선수를 많이 참여시키는 유형 • 팀 스포츠인 경우에는 팀워크가 좋으며 기대 이상의 경기 결과를 가져오는 경우가 많으나, 팀의 질서가 무너지는 경우 팀이 와해되는 위험성이 있음
권위형	• 지도자가 경기와 관련된 제반적인 사항에 대한 결정을 내려야 할 경우 단독적으로 결정하여 실행하는 유형 • 지도자에게 모든 권력이 집중되어 있을 뿐만 아니라 지도자에 대한 선수의 의존도가 매우 높음 • 지도자의 지도능력이나 형태에 따라서 성공과 실패에 대한 책임 한계가 매우 분명한 유형
자유방임형	• 지도자가 경기와 관련하여 체계적인 지도계획 없이 선수를 즉흥적으로 지도하는 유형 • 지도자가 지도자로서 확고한 신념이나 책임감 없이 훈련에 임하기 때문에 좋은 경기결과를 얻기 힘들 뿐만 아니라 선수의 성장을 도울 수 없음
인화중심형	• 지도자가 선수와 친밀한 관계를 유지함으로써 운동수행 과정에서 발생하는 선수들의 갈등을 해소시켜주고, 나아가 성취동기를 유발할 수 있는 소통의 기회를 마련해주는 유형 • 선수와 지도자 사이뿐만 아니라 선수 간의 친밀한 인간관계를 형성함으로써 경기와 관련된 문제상황에서 서로 포용적으로 문제를 해결할 수 있도록 도와주는 역할을 함
과업중심형	• 지도자가 목표 달성을 위하여 언제나 철저하게 계획하고 실천하는 유형 • 목표에 대한 확고한 가치관과 강한 성취 욕구를 가지고 있으며, 경기와 관련된 지식의 습득을 위해 끊임없이 공부하는 경향이 있음 • 조직체계를 중시하기 때문에 선수에게 항상 팀의 규칙 준수를 강조하며, 팀의 체계를 유지하기 위하여 지도자가 많은 간섭을 하게 됨

(3) 스포츠지도사의 역할

안내자의 역할	올바른 방향으로 지도
지시자의 역할	활동과제 설명, 목표설정 및 지도
행사자의 역할	활동에 몰입할 수 있도록 동기유발 및 지도

(4) 스포츠지도사의 자질

의사 전달 능력, 타인의 감정에 대한 공감 능력, 활발하고 강인한 성격, 도덕적 품성, 사명감, 동기부여, 공정성 등

4 교수법

(1) 유아 강습

유아 강습 시 영법으로 바로 들어가는 것보다는 존재할 수도 있는 물에 대한 두려움을 제거한 뒤, 흥미롭고 재미있게 다가가기 위해서 놀이를 통해 물과 친해지도록 하는 것이 매우 중요하다. 이후 물에 적응했다면 영법과 놀이를 6:4 비율로 하여 지도하는 것이 좋다.

주의력이 결핍된 ADHD 아동은 집단스포츠보다는 수영, 스키, 골프 등 개별적인 스포츠가 적합하다. 한번에 여러 단계를 습득시키기보다는 가급적 실현 가능하고 도달이 쉬운 한 가지 목표를 두고 지속적인 반복연습을 통해 스스로 느끼고 성취할 수 있도록 만들어주어야 한다.

(2) 노인 강습

노인 강습 시 가장 중요한 부분은 안전이다. 먼저 질환의 유무를 확인하여 발생할 수 있는 사고를 미연에 방지해야 하며, 스피드와 정확한 영법을 고집하기보다는 건강 증진과 삶의 질 향상을 우선으로 두어 지도해야 한다.

노인들은 어떠한 스트로크나 킥 동작을 자유자재로 하기에 유연성, 체력 등 운동능력이 부족할 수 있다. 완벽한 동작을 억지로 구현해내도록 하기보다는 가동범위 내에서 움직일 수 있도록 자연스러운 동작을 몸에 익힐 수 있게 한다. 운동에 맞게 적절한 휴식을 분배해야 하며, 목표에 도달할 수 있도록 칭찬 및 지속적인 동기부여가 필요하다.

(3) 스포츠기술 지도법의 3단계

1단계	가르쳐야 할 기술을 말과 동작으로 설명함
2단계	정확한 동작으로 시범을 보임
3단계	설명과 시범이 끝난 후 전습법 또는 분습법을 이용하여 연습하도록 함

팁⁺

- 전습법: 기술 전체를 있는 그대로 연습하는 방법 **예** 각 종목 콤비수영
- 분습법: 실제로는 〈전습 – 분습 – 전습〉 방법의 형태로, 전체를 전습법으로 가르치고 부분을 나누어 연습시킨 후 다시 전체로 재조합하여 연습하는 방법 **예** 각 종목 여러 가지 부분 드릴 동작, 킥, 풀 등

(4) 학습의 3단계

인지단계	목적을 알고, 목적을 위해서 무엇을 어떻게 해야 잘할 수 있는지 명확하게 '이해'하는 단계
연습단계	'이해'를 바탕으로 반복된 연습을 통해 신체능력을 조금씩 점진적으로 향상·숙달시키는 단계
자동화 단계	동작에 대한 근육이나 조직기관, 운동신경이 향상되어 실수는 점점 줄어들고 움직임, 자세, 힘 배분, 균형 등 특정 동작에 대한 신체기능이 자동적이고 습관처럼 체화·숙달되는 단계

5 트레이닝론

(1) 트레이닝의 목적

종합적인 신체기능 향상, 스포츠 종목과 관련된 수행능력 향상, 기술요소 향상

(2) 트레이닝의 원리

점진성의 원리	신체는 시간과 자극의 강도에 따라 적응이 달라지기 때문에 일정 시간을 두고 운동의 질과 양을 단계적으로 증가시키는 것을 의미
과부화의 원리	• 근력 트레이닝에서 기본적으로 적용하는 방법으로 신체가 받는 과부하에 대한 적응력, 다시 말해 훈련(부하)을 받으면 첫 반응(적응)이 오고 부하를 멈추면 회복을 하게 됨 • 적응과 회복의 반복이 선수의 체력을 향상시킴
개별성의 원리	• 스포츠 종목의 특수성과 선수 개인의 능력, 특성, 잠재력을 고려하여 개별적으로 트레이닝을 실시하여야 함 • 선수들마다 심리적·생리적 요인이 다르고 트레이닝에 대한 경험도 다르기 때문에 트레이닝을 실시하기 전에 각 선수를 분석하는 것이 중요
특수성의 원리	스포츠 종목별로 수행되는 능력이 다르기 때문에 종목의 특성 및 에너지 체계를 고려하여 트레이닝 프로그램이 계획되어야 함
다양성의 원리	• 선수들이 지루해하지 않도록 새로운 트레이닝 프로그램을 개발하고 환경을 변화시켜 참여 의욕을 높여야 함 • 단, 신체가 변화에 적응할 수 있도록 휴식기간을 포함하도록 함
가역성의 원리	신체는 사용하지 않으면 퇴화하기 때문에, 운동부하를 조절하는 등 트레이닝의 조건에 따라 효과를 높일 수 있는 것을 의미
의식성의 원리	경기 수행의 성공 여부와 관련 있기 때문에 선수들이 능동적이고 의욕적으로 트레이닝 훈련에 참여할 수 있게 하는 것을 의미

(3) 트레이닝의 효과

① 신체적응력을 향상시키고 각 종목에 필요한 운동능력을 갖출 수 있다.

② 특정 트레이닝의 자극으로 폭발적인 파워 수행능력을 갖출 수 있다.

③ 매일 단일 트레이닝을 할 경우 신체 변화가 즉시 나타나는 효과가 있다.

④ 반복적인 트레이닝을 할 경우 근력과 지구력의 증가로 운동능력이 향상되고 신체변화가 뚜렷해진다.

⑤ 특정기간 동안 훈련을 중단하더라도 신체 상태와 운동능력이 일정기간 지속적으로 유지되는 잔류효과가 있다.

(4) 근육 능력의 구성요소

근력, 파워, 근지구력 및 파워지구력, 반응시간, 기민함, 스피드, 평형성, 유연성, 민첩성

(5) 무산소 에너지 트레이닝과 유산소 에너지 트레이닝

1) 무산소 에너지 트레이닝

스프린트와 같이 최대의 힘이 발휘되어야 하는 스포츠 종목에서 짧은 시간 동안의 격렬한 근수축은 근력의 향상을 가져오며 ATP-PCr 시스템의 효소를 증가시킨다. 또한 30초 동안의 격렬한 운동에 의한 무산소 해당과정의 단련은 해당과정 효소의 활성에서 한정적인 향상을 거둔다.

2) 유산소 에너지 트레이닝

유산소 트레이닝은 모세혈관의 증가로 근섬유에 더 많은 혈액을 공급하고, 지방과 글리코겐 저장량의 증가로 지구력을 향상시키며 미토콘드리아의 숫자와 크기가 증가한다. ATP가 더 빨리 생산되도록 하는 무산소 트레이닝과는 달리 그 효과가 명확하다.

(6) 트레이닝의 주기화

팀 또는 선수 개인 트레이닝 계획에 체계적으로 변화를 주는 것을 말한다. 설정한 기간 내에 목표를 달성하기 위해서 단계별 트레이닝을 실시함으로써 최고의 컨디션과 체력을 만들 수 있도록 계획을 수립하는 것을 트레이닝 주기화라고 한다.

MEMO

수영 실기 완전정복

SWIM MING

경영 영법

1 영법

(1) 자유형(Freestyle/Crawl stroke)

QR 동작 ——→

우리가 알고 있는 자유형은 본래 크롤영이라고 한다. 크롤영, 배영, 평영, 접영과 같은 '-영'은 구체적인 영법의 형태를 뜻하므로, 자유형은 어떠한 영법이라기보다는 자유로운 형태의 수영 영법을 말한다. 접영, 배영, 평영, 크롤영 중 가장 빠른 영법이 크롤영법이기 때문에 자유형 경기에서 독보적으로 사용되고 있으며, 그로 인해 통상적으로 크롤영이 자유형으로 불리게 되었다.

자유형은 스트로크 한 번에 여러 번의 킥(2, 4, 6, 8, 10비트 등)을 할 수 있다. 이렇듯 상급자는 다양한 비트의 킥으로 자유형을 할 수 있으며 팔과 다리가 가장 자연스럽게 연결되는 비트는 6비트 킥이다.

> **팁⁺**
>
> • 2비트, 4비트: 장거리 수영에 사용
> • 6비트: 장거리, 단거리 수영에 모두 사용

- 자유형은 모든 영법이 다 가능하다. 단 개인혼영, 혼계영, 계영에서의 자유형은 배영, 평영, 접영 외의 영법을 말하기 때문에 현 시점으로 가장 빠른 크롤영이 독점으로 경기에 사용되고 있다.
- 자유형 경기에서 다른 영법을 택한다면 경기 끝까지 유지해야 하며, 중간에 다른 영법으로 바꾸게 되면 실격된다.

  ⓔ 접영으로 수영하다가 중간에 자유형으로 바꿀 수 없으며, 접영으로 완영해야 함

(2) 배영(Back stroke)

QR 동작 ⟶

배영은 자유형과는 반대로 배면으로 떠서 양팔과 다리를 교차로 저어 앞으로 나아가는 영법이다. 배영은 누운 자세의 평영에서 진화한 영법이며, 초기에는 웨지 킥에 양팔을 교차로 저어서 수영했는데 웨지 킥(평영 킥)보다 플러터 킥(자유형 킥)이 더 빠른 스피드를 낸다는 사실이 알려지면서 오늘날의 배영이 만들어졌다. 배영은 배면 뜨기를 하기 때문에 4가지 영법 중 유일하게 수면 위로 얼굴이 나와 있다. 자유형과 마찬가지로 스트로크 박자가 일정하고 좌우 밸런스 대칭을 이룰수록 연결이 부드러워진다. 킥 박자는 2, 4, 6, 8비트 등으로 자유롭게 할 수 있지만 좌우 롤링에 의해 몸이 움직이기 때문에 1스트로크에 6비트로 수영해야 부드럽고 빠른 스피드를 낼 수 있다.

(3) 평영(Breast stroke)

QR 동작 ⟶

평영은 중세 이후 경영 종목이 된 최초의 영법이며 자유형, 배영, 접영 모두 평영으로부터 파생되었다. 평영은 본래 수중에서 가는 경기로 시작했는데, 수중에 머무는 시간이 길어 선수가 사망하는 경우가 많았다. 이후에는 스타트나 턴을 할 때 1회의 스트로크만 수중에서 하고, 1스트로크 시 1회는 머리가 수면 위로 올라오도록 규정하여 오늘날의 평영이 만들어졌다.

평영은 가슴까지 수면 위로 올라갔다가 다시 입수하면서 스트로크를 진행하기 때문에 리커버리 시 저항이 가장 크고 속도가 느리다. 킥의 연속성보다 1스트로크와 1킥으로 스트림라인 자세를 유지하면서 앞으로 나아가는 글라이드가 중요하다.

(4) 접영(Butterfly stroke)

QR 동작 ⟶

접영은 1930년대 평영에서부터 진화하였으며, 영법 중 현재로서는 두 번째로 빠른 영법이다. 킥은 두 다리를 붙여서 물을 누르는 모습이 돌고래 같다고 하여 돌핀 킥이라고 불리며, 스트로크를 할 때 양팔이 대칭을 이루어 수면 위로 리커버리하는 모습이 날개를 활짝 편 나비 같다고 하여 버터플라이라는 이름으로 불리게 되었다. 접영은 평영과 마찬가지로 정면 호흡을 하고 1스트로크에 2킥을 하면서 앞으로 나아간다. 양팔을 동시에 허벅지까지 밀어내고 몸의 움직임이 많기 때문에 에너지 소모가 큰 영법이지만, 몸의 부력을 이해하고 타이밍에 집중하여 동작하면 효율적으로 수영할 수 있다.

(5) 개인혼영(Individual Medley)

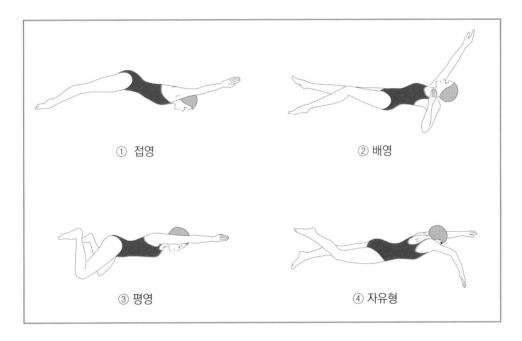

① 접영 ② 배영

③ 평영 ④ 자유형

개인혼영은 단일 선수가 전체 거리를 접영 → 배영 → 평영 → 자유형의 순서로 1/4씩 바꾸어가며 역영하는 영법이다. 이때의 자유형은 접영, 배영, 평영을 제외한 영법으로 두기 때문에 크롤영이 유일하다. 각 종목의 영법은 기본 영법과 똑같으며 접영에서 배영, 배영에서 평영, 평영에서 자유형으로 전환되는 턴 동작이 중요하다. 접영 구간에서는 양손이 동시에 벽에 닿은 상태로 터치해야 하며, 곧이어 배영을 위해 배면자세로 출발해야 한다. 배영 구간에서는 배면자세를 유지하면서 한 손이 벽에 닿은 상태로 터치해야 하며, 곧이어 평영을 위해 엎드려 출발한다. 배영 터치 전 등이 보이게 된다면 실격이다. 평영 구간에서는 양손이 동시에 벽에 닿은 상태로 터치해야 하며 곧이어 자유형을 위해 출발한다.

(6) 혼계영(Medley relay)

4명의 다른 선수가 전체 거리의 1/4씩 맡아서 역영한다. 순서는 배영 → 평영 → 접영 → 자유형이며, 자유형은 배영, 평영, 접영을 제외한 영법이기 때문에 크롤영으로 역영한다. 첫 주자는 물속 스타트를 해야 하기 때문에 배영이 가장 먼저 출발을 하고, 이어서 평영, 접영, 자유형 순으로 진행한다. 첫 출발인 배영은 공식기록을 인정받을 수 있지만 이어받아 뛰는 평영, 접영, 자유형은 제외된다. 배영을 제외한 모든 영법은 직전 스트로크 영자의 터치로 출발신호를 받는다. 따라서 벽에 터치되는 시간을 정확하게 판단하는 것이 매우 중요하다. 정확하고 빠른 반응으로 출발을 하면 기록 단축에 영향을 주지만, 출발을 잘못하여 조기 출발을 하게 되면 실격처리된다.

(7) 계영(Freestyle relay)

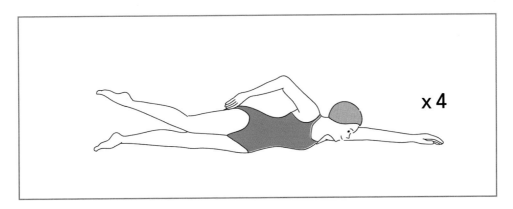

4명의 다른 선수가 전체 거리의 1/4씩 맡아 역영한다. 계영에서의 자유형은 접영, 배영, 평영을 제외한 영법으로 해야 하므로 크롤영이 유일하다. 첫 출발하는 영자는 공식기록을 인정받을 수 있지만 이어받아 뛰는 다음 영자들은 제외된다. 첫 영자를 제외한 나머지 영자들은 터치로 출발신호를 받는다. 따라서 벽에 터치되는 시간을 정확하게 판단하는 것이 매우 중요하다. 정확하고 빠른 반응으로 출발을 하면 기록 단축에 영향을 주지만, 출발을 잘못하여 조기 출발을 하게 되면 실격처리된다.

개념⁺

- 계영 멤버는 경기 순서 전에 정해져야 한다.
- 등록한 선수 명단을 지키지 않거나 나열된 순서대로 경기하지 않으면 실격처리된다.
- 4명의 팀원은 한 구간씩만 경기에 참여할 수 있으며 두 번 참여시 실격처리된다.
- 혼성 계영은 순서에 관계없이 남자 2명과 여자 2명으로 구성되어야 한다.

2 스타트

(1) 그랩 스타트

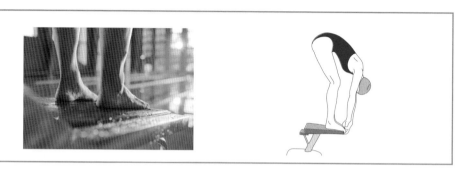

양발은 스타트 블록 전면 중앙에 두고 발가락을 굽혀 블록을 잡아 준비한다. 몸을 앞으로 숙여 스타트 자세를 만들 때 무게중심은 발뒤꿈치가 아닌 발가락에 두는 것이 중요하다. 발 간격이 좁기 때문에 만약 무게중심의 이동이 과하게 된다면 균형을 잃고 부정출발을 하게 될 수 있으니 주의해야 한다. 어깨보다 엉덩이가 높아야 좋은 입수각이라고 할 수 있는데, 그랩 스타트는 햄스트링의 유연성에 따라서 엉덩이의 위치가 달라질 수 있다. 가장 오래된 출발 스타트 방법으로, 파워풀하게 출발할 수는 있지만 반응속도가 느리다.

(2) 크라우칭 스타트

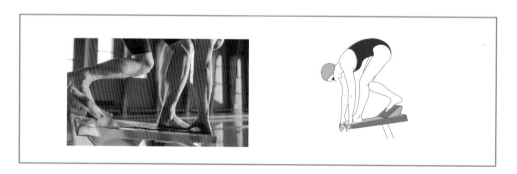

육상경기에서 볼 수 있는 달리기 트랙 스타트와 유사한 방식으로 이루어진다. 한쪽 발끝은 블록 앞 가장자리에, 한쪽 발끝은 뒤쪽 블록에 반을 걸쳐 올려둔다. 그랩 스타트에 비해 반응 속도가 빠르다. 또한 스타트 블록 위에서 발을 벌리고 있기 때문에 발 간격이 넓어 밸런스가 좋아진다. 그랩 스타트보다 훨씬 안정적이기 때문에 무게중심의 이동 때문에 실격되는 일을 줄일 수 있다. 또한 어깨보다 엉덩이를 훨씬 높게 만들기 때문에 좋은 입수각을 만들어낼 수 있다. 크라우칭 스타트는 현재 가장 많이 쓰이는 스타트 방법이다.

(3) 배영 스타트

배영은 뒤로 출발하기 때문에 한 지점에 손끝부터 발끝까지 깔끔하게 입수하기 어려우므로, 다양하고 많은 연습을 요한다. 물속에 들어가 양손을 어깨너비 정도로 벌린 상태에서 배영 스타트 블록을 잡는다. 발끝을 수면 위로 노출시키고 "준비" 구령에 몸을 스타트 블록 안으로 당겨 엉덩이를 최대한 수면 위로 노출시킨다. 이때 턱은 당기지 않으며, 허리를 꼿꼿이 펴고 준비한다. 출발신호에 맞춰 팔과 시선을 재빠르게 머리 위로 넘기면서 물 위로 아치를 만들어 몸이 수면에 닿지 않게 한다. 손끝부터 입수되면 벽을 밀어낸 발끝을 올려 수면 위로 노출시킨다. 몸을 최대한 유연하게 움직여서 입수마찰을 가능한 줄이도록 해야 한다.

3 턴

(1) 자유형의 턴

사이드턴, 플립턴 활용

1) 사이드턴

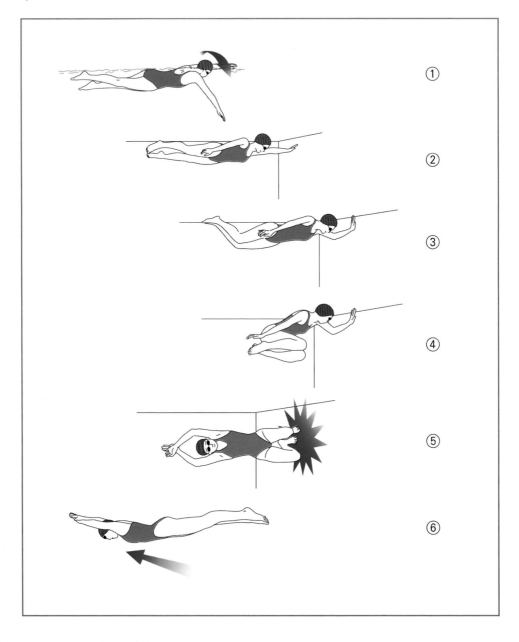

①
②
③
④
⑤
⑥

2) 플립턴

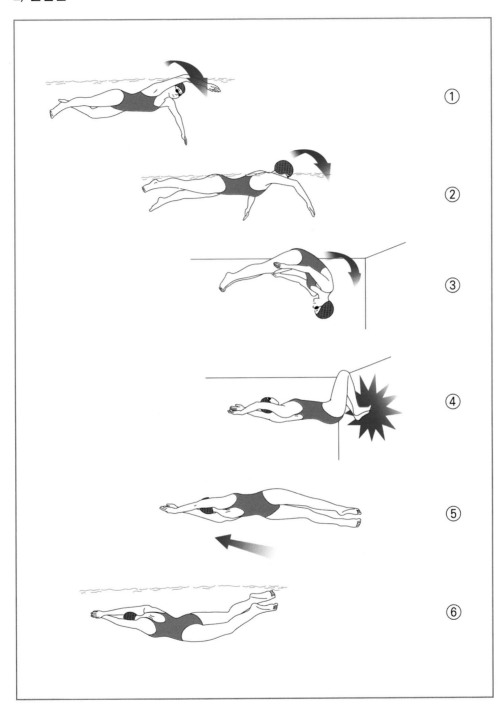

① ② ③ ④ ⑤ ⑥

(2) 배영의 턴

롤오버턴 활용

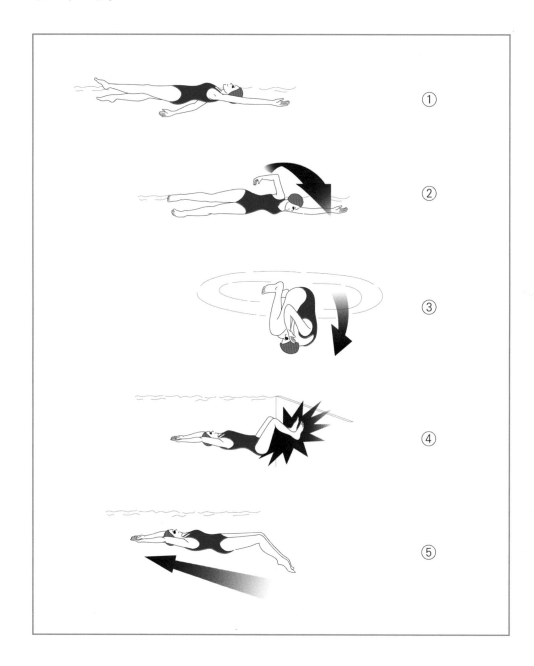

(3) 평영·접영의 턴

사이드턴 활용

개인혼영 시의 턴

- 접영 → 배영: 사이드턴, 오픈턴
- 배영 → 평영: 크로스오버턴, 크로스오픈턴
- 평영 → 자유형: 사이드턴

4 물속동작

(1) 거리 제한: 15m

① 자유형: 돌핀킥 후 자유형킥으로 브레이크 아웃
② 배영: 백돌핀킥 후 배영킥으로 브레이크 아웃
③ 접영: 돌핀킥으로 브레이크 아웃

(2) 횟수 제한

① 평영: 돌핀킥 1회, 스트로크 1회, 평영킥 1회로 브레이크 아웃
② 돌핀킥은 스트로크 전·후·동시 언제든 상관없이 1회만 하면 된다.

(3) 브레이크 아웃

벽이나 스타트 블록에서 출발한 뒤 15m 이내로 원하는 거리만큼 물속동작을 이어간다. 이후 점진적 대각선 형태로 수면을 향해 물속동작하며, 수중에서의 빠른 스피드를 수면을 뚫고 이어나가는 이 시점을 브레이크 아웃이라고 한다. 수중에서의 스피드가 감속되지 않으려면 수면 위로 올라오기 직전에는 머리를 들어 호흡을 하지 않는 것이 좋으며, 자유형의 경우 호흡 반대쪽 팔부터 시작하는 것이 좋다.

CHAPTER 02

실기 준비

1 진행 방법 : 개인혼영 100m

수영 스포츠지도사 실기시험은 개인혼영 100m로 진행된다. 자유형, 배영, 평영, 접영의 각 4가지 영법의 자연스러운 동작 및 숙달도, 영법별 다르게 들어가는 턴의 정확도가 필요하며, 다음 표와 같이 기준기록 내에 수행하는 것이 가장 중요하다.

영역	내용	점수
영법동작기술	출발 자세	10
	턴 자세	10
	영법 자세	20
수영능력평가	기록	60

2 영법 동작 · 기술 - 출발 자세(10점) : 출발규정에 대한 평가

(1) 출발대 위 오르기 전 준비

① 응시자 수영장 입장

② 탈의

(2) 출발 예비신호에 따르는 정도

① 준비신호: 호루라기 짧게 여러 번(삑삑삑)

② 출발대로 이동: 호루라기 길게 1번(삐―)

③ 출발신호: take your marks, 차렷

④ 출발 부저

(3) 출발신호에 따른 입수동작

① 그랩 스타트 또는 크라우칭 스타트 중 선택하여 출발한다.
② 각 시험장 상황에 따라서 출발신호가 어떻게 이루어지는지 전체 응시생에게 고지한 후, 고지대로 진행한다.

 팁⁺

수영장 상황에 따라서 물속출발을 할 수도 있다.

3 영법 동작 · 기술 – 턴 자세(10점)

(1) 접영과 평영의 터치

자유형과 배영은 한손 터치가 되어야 하며, 접영과 평영은 반드시 양손 터치가 되어야 한다. 양손 터치 시 손이 겹쳐져서 터치가 되면 실격이므로, 다음의 그림을 보고 허용되는 범위를 미리 숙지해야 한다.

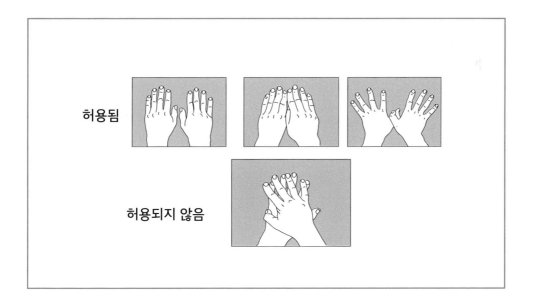

(2) 배영에서 평영으로 연결되는 턴 동작

대표적으로 스핀 오픈턴, 크로스 오버턴의 두 가지가 있다.

1) 스핀 오픈턴

① 배면 자세로 한손 터치를 한다.
② 터치와 동시에 다리를 터치벽 쪽으로 끌어 등이 보이지 않도록 스핀한다. 이 때 머리가 최대한 수면과 가까우면 가까울수록 빠르게 반환할 수 있다.

③ 스핀 완료 후 터치한 팔을 수면 위로 넘겨 측면 자세로 벽을 밀어 출발한다.

④ 푸시 오프를 하면서 완전히 엎드린 자세를 취해 다음 평영 레이스 물속동작을 시작한다.

2) 크로스 오버턴

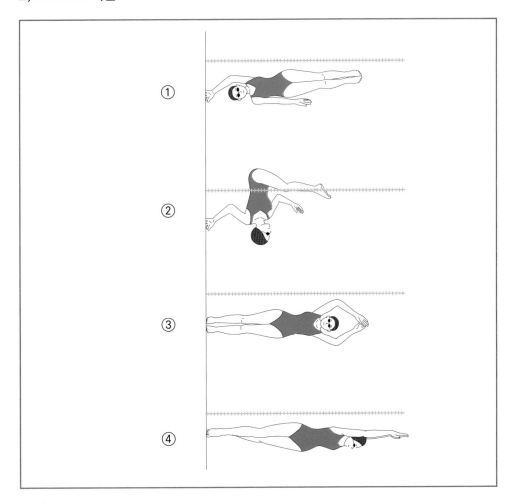

① 등이 보이지 않게 사이드 배영 자세로 터치한다.

② 터치한 벽으로부터 도움닫기를 하여 재빠르게 앞구르기 턴을 한다.

③ 앞구르기 후 측면 자세로 벽을 밀어 출발한다.

④ 푸시 오프를 하면서 완전히 엎드린 자세를 취해 다음 평영 레이스 물속동작을 시작한다.

크로스 오버턴은 배영 터치를 할 때 등이 보이지 않아야 하는 것이 핵심이다.

개념⁺ 푸시 오프(push off)

벽을 밀고 출발하는 단계

(3) 턴 시작 후 완료하는 자세

1) 접영 → 배영

양손 터치 후에 측면으로 돌아 벽을 푸시 오프해야 하며, 턴 이후 첫 번째 스트로크에 앞서 등이 보이지 않게 완전히 누운 자세를 취해야 한다.

2) 배영 → 평영

한손 터치 후 크로스 오버턴, 스핀 오픈턴 중 선택하여 반환한다. 벽을 밀어낸 후 첫 스트로크에 앞서 완전히 엎드린 자세를 취해야 한다.

3) 평영 → 자유형

양손 터치 후에 측면으로 돌아 벽을 푸시 오프해야 하며, 턴 이후 첫 번째 스트로크에 앞서 완전히 엎드린 자세를 취해야 한다.

각 종목 턴 후 영법에 맞는 자세로 스트로크를 준비해야 한다.

채점 기준	점수
아주 능숙	10
능숙	8
보통	6
약간 미숙	4
미숙	2

〈채점 기준〉

4 영법 동작 · 기술 - 영법 자세(20점) : 호흡, 킥, 팔동작에 대한 평가

① 접영: 발끝 모음과 구부림
② 배영: 팔꿈치 각도, 물잡는 동작
③ 평영: 글라이딩
④ 자유형: 적절한 회전 반경, 팔꿈치 높이

채점 기준	점수
아주 능숙	20
능숙	17
보통	14
약간 미숙	10
미숙	5

〈채점 기준〉

5 수영능력 평가(기본 기술) - 기록(60점) : 완영능력 및 기록으로 평가

수영 스포츠지도사 실기에서 절대적으로 중요한 부분은 완영능력과 기록이다. 다음의 표에 나와 있는 기준과 같이 남자 1'30"00 이내, 여자 1'40"00 이내에 도착하는 것이 가장 중요하다. 기록을 줄이기 위해서 도움이 되는 부분은 각 종목의 물속동작들과 매끄러운 턴 동작으로, 이 부분을 참고하여 연습하면 기록을 단축시킬 수 있다.

구분	남자	여자
60점	~ 1'15"00	~1'25"00
57점	1'15"01 ~ 1'20"00	1'25"01 ~ 1'30"00
54점	1'20"01 ~ 1'25"00	1'30"01 ~ 1'35"00
51점	1'25"01 ~ 1'28"00	1'35"01 ~ 1'38"00
48점	1'28"01 ~ 1'30"00	1'38"01 ~ 1'40"00

〈채점 기준〉

> **팁⁺ 실기시험 준비**
>
> • 시험 당일에는 실기시험에 대한 전반적인 안내(수영장 시설에 따라서 생략되는 부분
> 이며, 수영복 환복 후 모이는 시간 등)가 있기 때문에 가급적 미리 도착하는 것이 좋다.
> • 출발신호는 정규시합처럼 정확하게 호루라기 신호로 이루어질 수도 있으나 수영장 사
> 정에 따라 생략되는 부분들이 있다. 이러한 경우 정해진 시간에 도착한 응시자 모두에
> 게 어떻게 출발할지 축약된 출발방법을 당일에 고지한다.
> • 또한 수영장 수심이 낮거나 스타트 블럭이 없는 경우 상황에 따라 스타트가 생략되며
> 물속 출발을 할 수 있다. 그렇기 때문에 반드시 시험장에 미리 도착해서 설명을 들어
> 야 한다.

SWIM
MING

수영(경영) 경기규칙

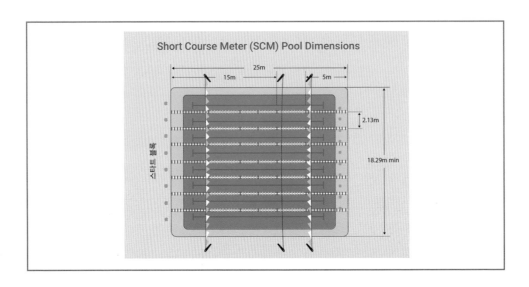

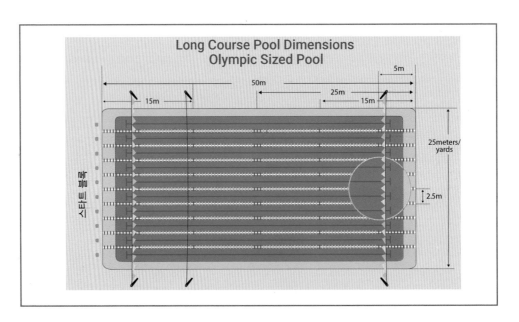

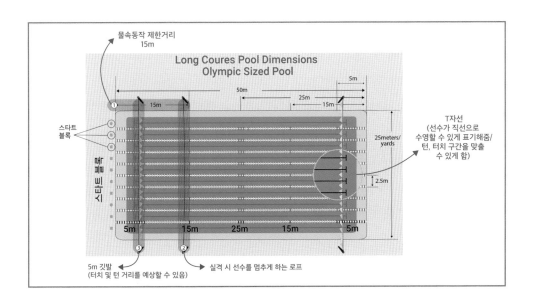

국제수영연맹 경영 규정 WORLD AQUATICS RULES(2023~)

1 경기규정

1.1 관리기관에 의해 임명된 운영위원회는 규정에 의해 심판장, 심판 또는 다른 임원에게 배정되지 않은 모든 일을 관할하며, 경기들을 연기시킬 수 있고, 어떤 종목을 수행하기 위해 채택된 규칙에 따라 지시를 내릴 수 있다.

1.2 수영 대회의 주최자는 대회의 공정성, 무결성, 안전성을 보장하도록 충분한 자격이 있는 임원들을 임명해야 한다.

    1.2.1 모든 국제 경기의 경우, 관리기구는 각 지역 당국이나 국제 당국의 승인을 받아 동일한 수 또는 그 이하의 수로 임원을 임명한다.

    1.2.2 자동계측장치가 불가할 때는 그 장비 대신 계시주임 1명, 1레인당 계시원 1명과 추가 계시원 1명으로 대체시켜야 한다.

    1.2.3 자동계측장치 또는 디지털시계가 사용되지 않을 경우에는 착순심판 주임과 착순심판을 배치할 수 있다.

1.3 올림픽게임과 세계선수권대회의 수영장과 기술장치는 수영경기가 있기 전에 적절한 과정을 통해서 경영기술위원회의 멤버와 함께 WORLD AQUATICS 대표의 검사와 승인을 받아야 한다.

1.4 수중비디오 장치가 TV에 사용되어질 경우, 해당 장비는 원격조정으로 작동해야 하며, 선수의 시야나 진로를 막지 않아야 한다. 또한 수영장의 배치를 바꾸거나 WORLD AQUATICS의 필수 표시를 가리지 않아야 한다.

1.5 경기 운영진은 예선, 준결승, 결승을 위해 선수들이 최종 소집실(last call-room)을 떠날 때 준수해야 하는 프레젠테이션 및 준비 절차(프로토콜)를 명시해야 한다.

1.6 세계수영선수권대회 및 올림픽 경영 프로그램

    1.6.1 올림픽

	남	여
자유형	50m, 100m, 200m, 400m, 800m, 1500m	50m, 100m, 200m, 400m, 800m, 1500m
배영	100m, 200m	100m, 200m
평영	100m, 200m	100m, 200m
접영	100m, 200m	100m, 200m
개인 혼영	200m, 400m	200m, 400m
단체전: 계영	400m, 800m	400m, 800m
단체전: 혼계영	400m	400m
혼성 단체전	혼계영 400m	

50m 수영장에서 수립된 기록만 인정된다. 예선과 준결승은 10개 레인을 이용하여 진행될 수 있다. 결승은 8개 레인만 사용한다.

1.6.2 세계수영선수권대회(50m)

	남	여
자유형	50m, 100m, 200m, 400m, 800m, 1500m	50m, 100m, 200m, 400m, 800m, 1500m
배영	50m, 100m, 200m	50m, 100m, 200m
평영	50m, 100m, 200m	50m, 100m, 200m
접영	50m, 100m, 200m	50m, 100m, 200m
개인 혼영	200m, 400m	200m, 400m
단체전: 계영	400m, 800m	400m, 800m
단체전: 혼계영	400m	400m
혼성 단체전	계영 400m, 혼계영 400m	

50m 수영장에서 수립된 기록만 인정된다. 예선과 준결승은 10개 레인을 이용하여 진행될 수 있다. 결승은 8개 레인만 사용한다.

1.6.3 세계수영선수권대회(25m)

	남	여
자유형	50m, 100m, 200m, 400m, 800m, 1500m	50m, 100m, 200m, 400m, 800m, 1500m
배영	50m, 100m, 200m	50m, 100m, 200m
평영	50m, 100m, 200m	50m, 100m, 200m
접영	50m, 100m, 200m	50m, 100m, 200m
개인 혼영	100m, 200m, 400m	100m, 200m, 400m
단체전: 계영	200m, 400m, 800m	200m, 400m, 800m
단체전: 혼계영	200m, 400m	200m, 400m
혼성 단체전	계영 200m, 혼계영 200m	

25m와 50m 수영장에서 수립된 기록이 인정된다. 예선과 준결승은 10개 레인을 이용하여 진행될 수 있다. 결승은 8개 레인만 사용한다.

1.6.4 세계주니어수영선수권대회

	남	여
자유형	50m, 100m, 200m, 400m, 800m, 1500m	50m, 100m, 200m, 400m, 800m, 1500m
배영	50m, 100m, 200m	50m, 100m, 200m
평영	50m, 100m, 200m	50m, 100m, 200m
접영	50m, 100m, 200m	50m, 100m, 200m
개인 혼영	200m, 400m	200m, 400m
단체전: 계영	400m, 800m	400m, 800m
단체전: 혼계영	400m	400m
혼성 단체전	계영 400m, 혼계영 400m	

50m 수영장에서 수립된 기록만 인정된다. 예선과 준결승은 10개 레인을 이용하여 진행될 수 있다. 결승은 8개 레인만 사용한다.

1.6.5 세계수영월드컵 프로그램

World Aquatics Swimming World Cup의 프로그램은 매년 World Aquatics에서 연단위로 따로 정의한다.

2 임원(OFFICIALS)

2.1 심판장(Referee)

2.1.1 심판장은 모든 임원을 통제, 관할하고 그들의 임무를 승인하며 대회와 관련된 모든 특수사항 및 규칙에 관해 지시해야 한다. 심판장은 WORLD AQUATICS의 모든 규칙 및 결정을 시행해야 하며 대회의 진행과 종목이나 경기에 관련된 모든 문제를 결정해야 하고, 규정에 의해 해결되지 못하는 최종 결정을 내려야 한다.

2.1.2 심판장은 WORLD AQUATICS 규칙이 준수되고 있는지 확인하기 위하여 경기의 어느 단계에서든지 중재 및 개입할 수 있으며 진행 중인 경기와 관련된 모든 항의에 대한 판정을 내린다.

2.1.3 3개의 디지털시계 없이 착순심판을 사용하는 때에는, 필요한 경우에

심판장이 순위를 결정한다. 만약에 자동계측장치가 있어 작동될 경우 13항에 따라 처리된다.

2.1.4 심판장은 대회운영을 위해 필요한 모든 임원이 각기 제 위치에 있는지를 확인해야 한다. 심판장은 결석하거나 역할을 감당 못하거나 또는 비능률적으로 보여지는 임원을 대신해 다른 후보임원을 임명할 수 있다. 심판장은 필요하다고 여겨지면 임원을 추가로 임명할 수 있다.

2.1.5 모든 선수가 수영복을 제외하고 옷을 벗으면, 심판장은 호각을 짧게 연속해서 불어 선수로 하여금 출발대에서 준비하도록 불러 모아 경기 시작을 알린다. 이후 긴 호각소리를 내어 출발 플랫폼에서 출발자세를 잡도록 신호한다(배영 및 혼계영에서는 즉시 입수한다). 두 번째 긴 호각 소리에 배영과 혼계영 선수는 즉각 출발자세를 취한다. 선수와 임원이 출발준비가 되어 있을 때 심판장은 출발심판에게 팔을 쭉 뻗는 몸짓으로 선수들이 출발심판의 통제 하에 있음을 알린다. 팔을 쭉 뻗는 몸짓은 스타트할 때까지 그 자세로 유지되어야 한다.

2.1.6 출발신호 전 출발(부정출발)에 대한 실격은 출발심판과 심판장 모두 적발하고 확인해야 한다. 자동계측장치를 사용할 수 있는 경우 실격을 확인하는 데 사용할 수 있다.

2.1.7 심판장은 직접 적발한 규정위반 선수를 실격시킬 수 있다. 심판장은 권한이 있는 다른 임원으로부터 보고받은 규정위반 선수를 실격시킬 수 있다. 모든 실격은 심판장의 결정에 따른다.

2.1.8 모든 잠재적 규정위반은 심판장에게 구두로 보고되어야 한다. 심판장이 확인하면, 보고하는 임원은 서명한 실격사유 카드(disqualification card)에 종목, 레인 번호, 위반사항을 자세히 기재해야 한다.

2.1.9 심판장은 계영 경기에서 선행 선수가 출발 벽(starting wall)을 터치할 때 (이어) 출발하는 선수가 출발 플랫폼에 닿았는지 여부를 판단할 임원을 임명한다. 이러한 릴레이 출발(relay take-offs)을 판정하는 자동계측장치가 있는 경우 13.1항에 따라 사용한다.

2.2 제어실 감독자(Conrtol room Supervisor)

2.2.1 제어실 감독자는 자동계측장치 운용을 감독해야 한다.

2.2.2 제어실 감독자는 컴퓨터 출력물의 결과를 확인할 책임이 있다.

2.2.3 제어실 감독자는 계영 선수교대(relay exchange) 출력결과를 확인하고 부정출발(early take-offs)을 심판장에게 보고할 책임이 있다.

2.2.4 제어실 감독자는 부정출발을 확인하기 위해 계시용으로 사용된 비디오 타이밍(video timing)을 검토할 수 있다.

2.2.5 제어실 감독자는 다음을 수행한다.

- 예선 및/또는 준결승 이후 불참을 관리한다.
- 공식 양식에 결과를 입력한다.
- 수립된 모든 신기록 목록을 정리한다.
- 적절한 곳에 점수를 보존한다.

2.3 출발심판/스타터(Starter)

2.3.1 출발심판은 심판장이 선수들을 넘겨준 때부터(2.1.5항) 레이스가 시작되기까지 선수들을 완전히 통제한다. 출발은 4항에 따라 이루어진다.

2.3.2 출발심판은 출발을 지연시키거나 고의로 명령을 따르지 않거나 또는 출발 시 기타 부당한 행동을 자아내는 선수를 심판장에게 보고할 수 있다. 단 지연, 불복종 또는 부당한 행동을 한 선수를 실격시키는 권한은 심판장에게만 있다.

2.3.3 출발심판은 출발이 공정한지 여부를 가리는 권리를 갖는다. 단 그에 따른 결정은 심판장이 한다.

2.3.4 경기를 시작할 때, 출발심판은 계측원이 출발신호를 보고/보거나 들을 수 있고 선수들이 신호를 들을 수 있는 수영장 시작 가장자리에서 약 5m 이내의 수영장 측면에 위치해야 한다.

2.3.5 출발심판은 자신의 관할권 내에서 적발된 모든 위반사항을 심판장에게 보고한다.

2.4 소집심판(Call Room Supervisor)

2.4.1 소집심판은 각 경기 시작 전에 선수들을 소집한다.

2.4.2 소집심판은 다음과 관련하여 지적된 모든 위반사항을 심판장에게 보고한다.

- 수영복
- 광고
- 소집 시 선수가 불참하는 경우

2.5 반환심판장(Chief Inspectors of Turns)

2.5.1 반환심판장은 반환심판원들이 경기하는 동안 그들의 소임을 다하는 지를 확인해야 한다.

2.6 반환심판(Inspectors of Turns)

2.6.1 반환심판원은 각 레인의 풀 양 끝에 한 명씩 배치되어 선수들이 출발 후, 반환(Turn, 턴)할 때마다, 도착 시 결승점에서 적용되어야 하는 규정을 준수하는지 분명하게 확인한다.

2.6.2 출발지점에 배치된 각 반환심판은 출발신호부터 첫 스트로크의 팔 동작이 완전히 끝날 때까지 관련 규칙을 따르는지 확인한다. 단, 평영의 경우에만 두 번째 팔 스트로크 동작을 적용한다.

2.6.3 각 턴 동작마다, 반환심판은 선수가 터치패드에 닿기 직전 마지막 스트로크 팔 동작의 첫 움직임부터 턴 이후 첫 스트로크의 팔 동작이 완전히 끝날 때까지 관련 규칙을 따르는지 확인한다. 단, 평영의 경우만 턴 이후 두 번째 팔 동작을 적용한다.

2.6.4 결승지점에 배치된 각 반환심판은 터치패드에 닿기 직전 마지막 스트로크 팔 동작의 첫 움직임부터 현행 규칙에 따라 역영을 끝내는지 확인한다.

2.6.5 배영 렛지를 사용할 경우, 출발대 쪽에 위치한 반환심판은 담당 레인에서 쓸 배영 렛지를 설치하고 사용 후 제거해야 한다. 설치된 렛지는 0으로 설정한다.

2.6.6 800m와 1500m 개인종목에서 시작점과 반환점에 있는 각 반환심판은 담당 레인에서 선수가 완료한 바퀴 횟수를 기록해야 하며 남은 바퀴 횟수를 기록한 '랩 카드'를 전시하여 선수가 남은 바퀴 수를 알 수 있도록 해야 한다. 수중 랩 카드를 포함한 전자장비를 사용할 수 있다.

2.6.7 800m와 1500m 개인종목에서 출발대 쪽에 위치한 반환심판은 자기

레인 선수가 1회 왕복거리를 남기고 5m 전방에 왔을 때 경고신호를 해주어야 한다. 선수가 반환(Turn, 턴) 후 레인로프에 있는 5m 표시에 이를 때까지 신호를 반복해준다. 이때 신호는 호각이나 종으로 한다.

2.6.8 계영 종목에서 출발대 쪽에 위치한 반환심판은 다음 차례의 출발선수가 그 이전 선수의 벽 터치 시 출발대에 있었는지를 판단해야 한다. 계영 출발을 판정하는 자동장비가 가능할 때는 13.1항에 따라 사용한다.

2.6.9 반환심판은 자신의 관할권 내에서 적발한 모든 위반사항을 심판장에게 보고한다.

2.7 영법심판(Judges of Stroke)

2.7.1 영법심판은 풀 양쪽에 각각 위치한다.

2.7.2 각 영법심판은 해당 종목의 지정된 수영 영법과 관련된 규칙이 잘 지켜지고 있는지를 확인해야 하며, 반환심판을 도와 턴과 피니시를 관찰해야 한다.

2.7.3 영법 심사위원은 자신의 관할권 내에서 적발된 모든 위반사항을 심판장에게 보고한다.

2.8 계시주임(Chief Timekeeper)

2.8.1 계시주임은 모든 계측원들의 좌석 위치와 담당하는 레인들을 배정해야 한다. 각 레인마다 3명의 계시원 배치가 바람직하다. 자동계측장비가 사용되지 않는 경우, 2명의 추가 계측원을 지정하여 계측원 중 시계가 움직이지 않거나, 경기 도중 시계가 중지하거나 또는 다른 이유로 계시할 수 없을 때에 바로 그 계측원을 대신하도록 지시한다. 디지털시계가 사용될 경우 최종 기록과 등수는 시간(by time)에 의해 결정된다.

2.8.2 레인당 1명의 계측원이 배정될 때, 시계 오작동에 대비하여 추가 계측원이 배정되어야 한다. 또한 계측 주임은 항상 각 레이스에서 1위 선수의 시간을 기록해야 한다.

2.8.3 계측주임은 각 레인에서 계측원으로부터 기록된 시간이 표시된 카드를 거두고, 필요한 경우 계측원들의 시계를 검사한다.

2.8.4 계측 주임은 각 레인으로부터 거둔 카드에 적힌 공식시간을 기록하거나 검사해야 한다.

2.9 계측원(Timekeepers)

2.9.1 각 계측원은 11.3항에 따라 배정된 레인의 선수의 시간을 측정한다.

2.9.2 각 계측원은 출발신호와 함께 시계를 시작하고, 담당 레인의 선수가 역영을 마침과 동시에 시계를 멈춘다. 100m를 초과하는 거리를 역영할 때 계측원은 계시주임의 지시에 의해서 중간거리의 시간을 기록하도록 계측주임의 지시를 받을 수 있다.

2.9.3 계측원은 역영이 끝난 후 즉시 자기 시계에 계시된 시간을 카드에 기록한다. 계측주임의 요청이 있다면, 시계를 제시하여 검사를 받는다. 다음 경기를 알리는 심판장의 짧은 호각 신호에 계측원들은 시계에 표시된 기록을 지운다.

2.9.4 비디오 타이밍(비디오 백업 시스템)이 사용되지 않는다면, 자동계측 장치가 사용되는 경우에도 모든 계측원을 완전히 배치해야 할 수도 있다.

2.10 착순심판(Finish Judge) – 필요한 경우

2.10.1 착순심판은 항상 코스와 결승선이 잘 보이는 위치에서 결승선의 일직선상에 위치해야 한다.

2.10.2 각 경기 후, 착순심판은 배정된 임무에 따라 선수의 순위를 파악하여 보고한다. 누르는 버튼 조작자 이외에 착순심판은 같은 경기에서 계측원/계시원의 역할을 할 수 없다.

2.11 기록주임(Chief Recorder: 올림픽경기 및 세계선수권대회 이외)

2.11.1 기록주임은 컴퓨터 출력물 또는 심판장으로부터 받은 각 종목의 시간과 순위의 결과를 확인해야 할 책임이 있다. 기록주임은 심판장의 결과 서명을 확인해야 한다.

2.12 기록원(Recorder: 올림픽게임 및 세계선수권대회 이외)

2.12.1 기록원은 예선 또는 준결승 후 기권을 관리하고 공식 양식에 결과를 입력한다. 수립된 모든 신기록의 목록을 정리하여 적절한 장소에 점수기록을 보존한다.

2.13 비디오 심사주임(Video Review Supervisor)

2.13.1 비디오 심사주임은 비디오 심사위원이 각자의 위치에 있고, 경기 동

안 임무를 수행하는지 확인한다.

2.13.2 비디오 심사주임은 비디오 심사위원이 보고한 모든 규칙위반을 검토하고 확인한다.

2.13.3 비디오 심사주임은 심판장의 요청에 따라 보고된 모든 규칙 위반을 검토하고 확인한다.

2.13.4 비디오 심사주임은 비디오 심사에서 확인된 모든 위반사항을 심판장에게 보고한다.

2.14 비디오 심사위원(Video Review Judge)

2.14.1 각 비디오 심사위원은 경기에 지정된 영법과 관련된 규칙이 준수되고 있는지 확인하고 턴과 피니시를 관찰한다.

2.14.2 비디오 심사위원은 관찰된 모든 위반사항을 비디오 심사주임에게 보고한다. 위반이 확인되면, 비디오 심사주임은 실격사유 카드를 작성한다.

2.15 임원의 의사결정(Officials' Decision Making)

2.15.1 임원들은 본 경영규칙에 다른 조건이 없는 한 자율적이고 독립적으로 각자의 결정을 내린다.

3 예선, 준결승과 결승의 대진 편성(SEEDING)

올림픽, 세계선수권대회, 지역별 경기, 기타 WORLD AQUATICS 대회의 모든 종목 경기의 출발 위치는 다음과 같은 레인배정 원칙에 의한다.

3.1 예선(Heats)

3.1.1 대회 참가등록(엔트리) 마감 전, 공지된 제한기간 동안 모든 참가등록자들이 세운 시합 최고기록이 신청양식에 또는 온라인으로 제출되면 운영위원회는 시간 순으로 목록을 만든다. 공식기록을 제출하지 않는 선수들은 가장 느린 것으로 간주되어 기록 없이 목록의 말단에 놓이게 된다. 같은 기록을 가진 선수들이나 기록을 제출하지 않은 2인 이상의 선수들의 배정은 추첨으로 한다. 선수의 레인은 3.1.2항에 의해 정해진 방식으로 배정된다. 선수들은 제출된 기록에 따라 다음과 같은 방식으로 예선에 배정된다.

3.1.1.1 예선 조가 1개일 경우, 결승경기 일정에 직결 경기로 진행된다.

3.1.1.2 예선 조가 2개일 경우, 제일 빠른 선수는 두 번째 예선조에 배정되고, 그 다음으로 빠른 선수는 첫 번째 예선조에, 그 다음 빠른 선수는 두 번째 예선조에, 그 다음은 첫 번째 등과 같은 방식으로 한다.

3.1.1.3 예선 조가 3개일 경우, 400m, 800m, 1500m 경기를 제외하고, 가장 기록이 빠른 선수는 세 번째 예선조, 그 다음 기록이 빠른 선수는 두 번째 예선조, 그 다음으로 빠른 선수는 예선 첫 번째 예선조, 네 번째로 빠른 선수는 다시 예선 세 번째 예선조, 다섯 번째는 두 번째 예선조, 여섯 번째 선수는 첫 예선조, 일곱 번째 선수는 세 번째 예선조에 배치한다.

3.1.1.4 예선 조가 4개 이상일 경우 400m, 800m, 1500m 경기를 제외하고, 마지막 예선경기 3개는 위 3.1.1.3항에 따라 배정된다. 마지막 3개의 예선경기 전의 예선경기는 그 다음으로 빠른 선수로 구성되며 마지막 4개의 예선경기 전의 예선경기는 그 다음으로 빠른 기록 선수들로 구성한다. 레인은 아래 3.1.2항에 설명된 방식에 따라 각 예선경기 내에서 제출된 선수들 기록으로 내림차순 배정을 한다.

3.1.1.5 400m, 800m, 1500m 경기에서 마지막 2개 예선조는 3.1.1.2항에 따라 배정된다.

3.1.1.6 예외: 한 종목에 예선조가 2개 이상일 경우, 각 예선에 최소한 3명의 선수가 배정되지만 배정 후에 출전을 취소하는 선수가 생길 때에는 선수의 수가 3명 미만으로 줄어들 수 있다.

3.1.1.7 10개 레인 수영장 사용이 가능하고, 자유형 800m와 자유형 1500m의 예선조에서 8위에 같은 기록이 나왔을 때, 9번 레인 배정은 8번 레인과 9번 레인에 대해 추첨하여 결정된다. 8위에 3개의 같은 시간기록이 나왔을 때, 9번 및 0번 레인 배정은 8번, 9번, 0번 레인에 대해 추첨하여 결정된다.

3.1.1.8 10레인 수영장을 사용할 수 없는 경우 3.2.3항을 적용시킨다.

3.1.2 50m 경기장에서 50m 종목을 제외하고 레인배정할 때 출발대에서 코스를 바라보아 풀 오른쪽에 1번 레인이 있어야 한다(10레인을 사용하는 경우 0번). 레인의 숫자가 홀수인 풀에서는 가장 빠른 선수를 풀 가운데 레인에 배정한다. 레인이 6개 혹은 8개인 수영장에서는 3번, 4번 레인에 배정한

다. 10개 레인 수영장에서는 가장 빠른 선수가 4번 레인에 배정된다. 그 다음으로 빠른 선수는 그 왼쪽에, 그리고 그 다음 선수들은 제출된 기록에 따라 오른쪽 그리고 왼쪽을 번갈아가며 배정한다. 같은 기록을 가진 선수들은 미리 언급된 방법 안에서 추첨으로 배정된다.

3.1.3 50m 종목이 50m 수영장에서 진행되는 경우, 운영위원회의 재량으로 적절한 자동장치의 유무, 출발신판의 위치 등의 요소에 따라 정규 출발점에서 반환점까지, 또는 반환점에서 출발점까지 레이스가 진행될 수 있다. 운영위원회는 경기 시작 전에 그들의 결정을 선수들에게 잘 고지해야 한다. 경기 방법에 관계없이 선수들은 그들이 출발선에서 출발하고 경기를 마쳤을 때 배정 받았던 레인을 그대로 배정 받는다.

3.2 준결승 및 결승(Semi-Finals and Finals)

3.2.1 준결승전에서 경기는 3.1.1.2항에 따라 이루어진다.

3.2.2 여러 예선전(preliminary heats)이 필요하지 않은 경우, 레인 배정은 위 3.1.2항에 따라 이루어진다. 여러 예선경기나 준결승경기가 있을 때는 3.1.2항에 근거하여 배정하되, 예선경기에서 수립된 기록을 기준으로 한다.

3.2.3 8레인 또는 10레인 사용 여부에 따라, 8위/10위 또는 16위/20위로 동일 예선경기 또는 다른 예선경기에서 선수 기록이 1/100초까지 동일할 때는 결승진출 결정을 위한 재경기(Swim off: 스윔오프)가 있어야 한다. 재경기는 모든 선수가 해당 종목 예선을 끝내고 경기운영진과 관련 당사자가 동의를 한 때 이루어져야 한다. 만일 동일한 기록이 또 나오면 다시 재경기(Swim off: 스윔오프)가 열려야 한다. 동일 기록이 나와 필요하다면, 1순위와 2순위 후보 선수를 결정하기 위해 재경기를 할 수 있다.

3.2.4 준결승 또는 결승경기에서 1명 또는 그 이상의 선수가 출전 취소를 할때, 예선 또는 준결승에서 분류된 기록순서에 따라 후보 선수를 추가한다. 3.1.2항에 따라 가능하다면 언제든 해당 종목에서 선수들을 재배정하며 그러한 변동이나 선수교체의 사항을 자세히 기록한 추가 정보지(supplementary sheets)가 꼭 발행되어야 한다.

3.2.5 예선전, 준결승전, 결승전에 선수들은 대회 주최 측이 정해놓은 시간 내에 1차 소집실로 집합해야 한다. 검사 후 선수들은 최종 소집실로 이동한다.

3.3 그 밖의 경기에서 레인배정에 있어서 추첨방식이 사용될 수도 있다.

3.4 세계수영선수권(25m)과 세계 주니어 수영선수권에서 자유형 800m와 1500m는 집행 본부(Bureau)의 재량에 따라 결승 세션에 가장 빠른 조를 편성하는 타임레이스로 진행할 수 있다. 50m, 100m, 200m 종목은 예선, 준결승, 결승으로 진행된다. 세계수영선수권대회(25m)와 세계 주니어 수영선수권대회에서 200m 이상 되는 거리에 대한 세부 종목은 예선과 결승만 진행된다.

4 출발(THE START)

4.1 자유형, 평영, 접영 그리고 개인혼영에서 출발은 다이브로 한다. 심판장이 호각을 길게 불면(2.1.5항) 선수들은 출발 플랫폼 위에 올라선다. 출발심판이 "선수 제자리에(take your marks)"하고 구령하면 즉시 선수들은 출발대 앞에 최소 한 발을 두고 출발 자세를 취한다. 손의 위치는 상관없다. 모든 선수들의 자세가 정지하였을 때 출발심판은 출발신호를 한다.

4.2 배영 및 혼계영에서의 출발은 물속에서 한다. 심판장의 첫 번째 긴 호각 소리에 따라(2.1.5항) 선수들은 즉각 물속으로 입수해야 한다. 심판장의 두 번째 긴 호각 소리가 울리면 지체하지 말고 출발 자세로 들어가야 한다(6.1항). 모든 선수들이 출발 자세를 취했다고 인정되면 출발심판은 "선수 제자리에 (take your marks)"라는 구령을 한다. 모든 선수들의 자세가 정지하면 출발심판은 출발신호를 한다.

4.3 올림픽경기, 세계선수권대회 및 기타 WORLD AQUATICS 대회에서 "Take your marks" 라는 구령은 영어로 하며 출발은 각 출발대에 하나씩 부착된 다중 스피커로 한다.

4.4 어느 선수든지 출발신호 전에 출발을 하면 실격을 당한다. 실격이 선언되기 전에 출발신호가 이루어지면 시합은 진행되어야 하며, 시합이 종료된 후에 선수는 실격된다. 만약에 출발신호 전에 실격이 선언되면 출발심판은 출발신호를 해

서는 안 되며, 남은 선수들을 불러서 다시 시작한다. 심판장은 2.1.5항에 따라 긴 호각소리(배영의 경우 두 번째 호각소리)로 시작하는 출발절차를 반복한다.

> **개념+**
>
> 모든 선수들이 각자의 출발대에서 정지된 상태(4.1항)에서 출발신호가 울리기 전에 움직이고 이러한 움직임이 출발심판과 심판장으로부터(2.1.6항) 포착이 되어 최종 확인된 선수는 실격 처리된다. 계측장비에 영상촬영시스템이 있다면 실격 확인을 위해 사용 가능하다.

5 자유형(FREESTYLE)

5.1 자유형이란 선수가 그 종목에서 어떠한 형태의 수영을 해도 됨을 의미한다. 단 개인혼영, 혼계영에서의 자유형이란 배영, 평영, 접영이 아닌 다른 형태의 수영을 의미한다.

5.2 수영거리를 매번 마칠 때마다, 그리고 레이스를 끝낼 때에는 선수의 몸 어느 부분이라도 반드시 벽에 터치되어야 한다.

5.3 역영을 하는 동안 선수의 신체 일부분은 수면에 나와 있어야 한다. 단, 선수가 턴을 하는 동안이나 출발 및 매 턴 이후 15m 지점까지 선수는 완전히 물에 잠기는 것이 허용되며, 15m 지점에서 선수의 머리는 수면 위로 올라와 있어야 한다.

6 배영(BACKSTROKE)

6.1 출발신호 전 선수는 양손으로 출발 손잡이(starting grip)를 잡은 채 출발대를 향하여 물속에서 정렬한다. 배수구(gutter: 거터) 안이나 위에 서거나. 배수구 가장자리 위로 발가락을 구부리는 행위는 금지한다. 출발 시 배영 렛지를 사용하는 경우, 두 발의 발가락 중 적어도 하나는 터치패드의 벽 또는 표면과 접촉해야 한다. 터치패드의 위에서 발가락을 구부리는 것은 금지된다.

6.2 출발신호 시와 턴 후에 선수는 6.4항에 명시된 대로 턴을 할 때를 제외하고는 등을 댄 누운 자세로 밀고나가며 수영해야 한다. 등을 대고 정상적으로 누운

자세는 신체의 롤링 동작(roll movement)을 포함할 수 있지만, 수평에서 90도의 각도 내에서만 이루어져야 한다. 머리의 위치는 상관이 없다.

6.3 역영을 하는 동안 선수의 신체 일부분은 항상 수면 위에 나와 있어야 한다. 단 도착 지점 직전 5m 지점을 통과한 직후 선수는 완전히 물에 잠겨 잠수할 수 있다. 턴을 하는 동안이나 출발 및 매 턴 이후 15m 지점까지도 잠수가 허용된다. 이후 15m 지점에서 선수의 머리는 수면 위로 올라와 있어야 한다.

6.4 선수는 턴 할 때 몸 일부분이 반드시 벽에 터치되어야 한다. 턴하는 동안에는 어깨가 가슴으로부터의 수직범위를 넘어 돌아갈 수 있고, 그 후 즉시 연속적인 싱글 암 풀(single arm pull) 또는 연속적인 동시 더블 암 풀(double arm pull)을 사용하여 턴을 시작할 수 있다. 선수는 벽을 떠나는 즉시 등으로 누운 자세로 돌아와야 한다.

6.5 역영을 끝낼 때 선수는 등을 대고 누운 자세로 벽에 터치해야 한다.

7 평영(BREASTSTROKE)

7.1 출발 후와 각 턴 이후, 물에 완전히 잠긴 채로 선수는 한 번의 팔 스트로크를 다리까지 완전히 뒤로 할 수 있다. 출발 후와 각 턴 후 첫 번째 평영 발차기 동작이 있기 전에는 언제든 한 번의 접영 발차기가 허용된다. 두 번째 암 스트로크 중 팔이 가장 넓게 벌어진 상태에서 손이 안쪽으로 향하기 전에 머리가 수면 밖으로 나와야 한다.

7.2 출발 후와 각 턴 후의 첫 번째 암 스트로크의 시작에서부터 신체는 엎드린 자세로 있어야 한다. 턴 후 수영장 벽을 떠날 때 몸이 엎드린 상태로 있는 한 어떤 방식으로든 턴이 허용된다. 어떠한 순간도 등으로 돌아눕는 것은 허용되지 않는다. 전 구간에 역영 내내 스트로크 주기는 암 스트로크 1회, 레그 킥(leg kick, 다리 킥) 1회의 순서로 이루어져야 한다. 모든 팔 동작은 교대로 움직이지 않고 양팔 동시에 이루어져야 한다.

7.3 양손은 수면이나 수면 아래로 가슴으로부터 앞으로 함께 내민다. 턴 전, 턴 도중, 피니시에서의 마지막 스트로크를 제외하고 팔꿈치는 수면 아래에 있어야 한다. 출발과 각 턴 후에 첫 스트로크를 하는 동안을 제외하고는 손이 힙라인을 넘어서는 안 된다.

7.4 각 (스트로크) 완전한 사이클 동안 선수의 머리 일부분은 수면 밖으로 나와야 한다. 모든 다리 동작은 교대로 움직이지 않고, 양다리가 동시에 움직여야 한다.

7.5 킥의 추진하는 부분 동안 양발은 바깥쪽으로 향해야 한다. 7.1항의 경우를 제외하고는 가위차기(alternating movements) 또는 접영 킥(downward Butterfly kicks)이 허용되지 않는다. 접영 킥이 따르지 않는다면, 수면 위로 양발이 나오는 것이 허용된다.

7.6 각 턴 시와 역영의 피니시에서 터치는 양손을 (겹치지 않게) 분리하여 동시에 수면이나 그 위 또는 아래에서 이루어져야 한다. 턴 전과 피니시 시 마지막 스트로크에서 레그 킥을 하지 않는 암 스트로크는 허용된다.

개념⁺

"분리된(separated)"의 의미는 두 손이 어느 한쪽 손에 겹쳐 올라가 있으면 안 된다는 뜻이다. 양손 사이에 굳이 공간을 만들 필요는 없으며, 우연히 일어나는 손가락들의 접촉은 걱정할 필요가 없다.

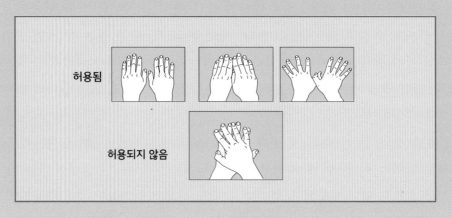

허용됨

허용되지 않음

* 상단 3가지 손 모양은 허용, 하단 1가지 손 모양은 불가

8 접영(BUTTERFLY)

8.1 출발 후와 각 턴 후 첫 번째 암 스트로크 시작 시 신체는 엎드린 자세를 유지해야 한다. 턴 후 수영장 벽을 떠날 때 몸이 엎드린 상태로 있는 한 어떤 방식으로든 턴이 허용된다. 어떠한 순간도 등으로 돌아눕는 것은 허용되지 않는다.

8.2 8.5항에 따라 전 레이스에 걸쳐 양팔을 같이 수면 위로 동시에 내밀고 수면 아래에서 동시에 뒤로 움직여야 한다.

8.3 양다리의 모든 상하 동작은 동시에 이루어져야 한다. 양다리나 발이 같은 높이를 유지할 필요는 없으나 엇갈리게 움직여서는 안 된다. 평영 킥 동작은 허용되지 않는다.

8.4 각 턴과 역영 종료 시 터치는 분리된 양손으로 동시에 수면에서 또는 수면 위나 아래에서 이루어져야 한다.

8.5 출발과 각 턴 시에 선수는 물속에서 1회 이상의 다리 킥과 1회의 팔 동작이 허용되며, 이 동작으로 몸이 수면 위로 올라와야 한다. 출발 후와 매번 턴 후 15m 내의 거리에서 선수는 완전히 물속에 잠겨도 되며, 이때 15m 안에서 머리가 수면 위로 나와야 한다. 다음 턴, 또는 터치까지 선수는 수면에 있어야 한다.

9 혼영(MEDLEY SWIMMING)

9.1 개인혼영에서 선수는 접영, 배영, 평영, 자유형의 순서로 네 가지 형태의 수영을 해야 한다. 각 스트로크는 전체 거리의 4분의 1을 차지해야 한다. 자유형 부분 동안 등으로 벽을 떠나는 것은 허용되지만, 접영 킥을 포함하여 킥이 시작될 수 있는 지점에서 선수가 수직 상태를 지나 엎드린 자세로 돌아올 때까지 킥 동작은 허용되지 않는다.

9.2 자유형 구간의 선수는 턴할 때를 제외하고 항상 엎드린 자세여야 한다. 어떠한 발차기나 팔 동작을 시작하기 전에 가슴으로 엎드린 상태여야 한다.

9.3 혼계영에서 선수들은 배영, 평영, 접영, 자유형의 순서로 네 가지 형태의 수영을 해야 한다. 각 영법의 거리는 전체 거리의 4분의 1씩 수행해야 한다.

9.4 각 (영법) 구간은 해당 스트로크(영법)에 적용되는 규칙에 따라 피니시(완료)되어야 한다.

10 경기(THE RACE)

10.1 모든 개인 경기는 성별로 분리하여 개최되어야 한다.

10.2 해당 코스를 선수는 단독으로 전체 거리를 역영할 수 있어야 출전 자격을 갖는다. 관련 WORLD AQUATICS 규정에 따라 전체 거리를 완영하지 못한 선수는 실격 처리된다.

10.3 수영장 데크에서 선수는 1.5항에 명시된 제시 프로토콜(presentation protocol)을 준수한 후, 즉시 수영복을 제외한 모든 옷을 탈의해야 한다.

10.4 선수는 자신이 출발한 레인에 머물고 같은 레인에서 경기를 마쳐야 한다.

10.5 모든 종목에서 선수는 턴할 때 벽과 신체 접촉을 해야 한다. 턴은 수영장 벽에서 이루어져야 하며, 수영장 바닥으로부터 걷는 것은 허용되지 않는다.

10.6 자유형 종목 또는 혼영 종목의 자유형 구간 동안 바닥에 서는 것은 실격되지 않지만, 걷는 것은 허용되지 않는다.

10.7 레인 로프를 당기면 안 된다.

10.8 다른 레인으로 들어가거나 달리 방해함으로써 다른 선수를 방해하면 실격 처리된다. 해당 반칙이 고의적인 경우, 심판장은 그 위법행위를 경기의 주최측과 위반 선수의 소속 연맹에 보고한다.

10.9 해당 종목 출전자가 아닌 선수가 모든 선수가 시합을 마치기 전에 종목이 진행되는 물에 입수하면 그 선수는 대회의 다음 예정 경기에서 실격 처리된다.

10.10 각 계영 팀은 4명의 선수로 구성된다. 혼성 계영을 진행할 수 있다. 혼성 계영은 남자 2명과 여자 2명으로 구성되어야 한다. 이 종목에서 달성한 구간 기록은 실적 및/또는 엔트리 목적으로 사용할 수 없다.

10.11 계영 선수교대(relay exchanges)는 출발 플랫폼에서 시작되어야 한다. 수영장 데크에서의 연속 출발은 허용되지 않는다.

10.12 계영 종목에서 선행 선수가 벽에 터치하기 전에 발이 출발 플랫폼에서 떨어진 선수의 팀은 실격된다.

10.13 계영 경기 중에 그 구간을 수영하도록 지정된 선수가 아닌 다른 선수가 모든 계영 팀의 모든 선수가 역영을 끝내기 전에 입수할 경우 그의 계영팀은 실격된다.

10.14 계영팀의 구성원과 경기 순서는 경기 전에 지명되어야 한다. 모든 계영 팀원은 그 종목에서 한 번만 출전할 수 있다. 계영팀의 구성은 종목의 예선과 결승전 사이에 변경될 수 있는데, 단 해당 종목에 대해 소속 연맹이 적절하게 출전 등록한 선수명단에서 이루어지는 경우에 한한다. 열거된 순서대로 역영하지 않으면 실격 처리된다. 선수 교체는 문서화된 응급의료상황인 경우에만 가능하다.

10.15 자신의 시합 또는 계영 종목에서 자신이 맡은 거리를 마친 선수는 아직 시합을 마치지 않은 다른 선수를 방해하지 않고 가능한 한 빨리 퇴수해야 한다. 그렇지 않고 해당 과실을 범한 선수, 또는 그의 계영 팀은 실격 처리된다.

10.16 반칙으로 어떤 선수의 성공 기회가 위협받은 경우, 심판장은 피해 선수를 다음 예선에 출전시킬 수 있는 권한이 있으며, 반칙이 결승이나 마지막 예선에서 발생할 경우 심판장은 피해 선수가 재경기할 수 있도록 지시할 수 있다.

10.17 어떠한 페이스 메이킹(pace-making)도 허용되지 않으며, 또한 그러한 효과가 있는 장치를 사용하거나 계획을 해서도 안 된다.

11 계측(TIMING)

11.1 자동계측장치의 운영은 임명된 임원의 감독 하에 이루어진다. 자동장치에서 기록된 시간은 승자, 모든 순위, 각 레인의 경기 기록을 결정하는 데 사용된다. 이렇게 결정된 순위와 기록은 계측원의 결정보다 우선한다. 자동 장치에 고장이 발생하거나, 장비에 결함이 생긴 것이 분명하거나, 선수가 장치 작동에 실패했을 경우, 계측원의 기록이 공식적인 것이 된다(13.3항 참조). 레인에 있는 모든 계측 기기에 결함이 있는 경우, 해당 선수에게 재경기를 제안할 수 있다.

11.2 자동장치를 사용할 경우, 해당 결과는 1/100초까지만 기록한다. 같은 기록의 경우, 1/100초로 같은 시간을 기록한 모든 선수는 동 순위가 부여된다. 전광판에 표시된 기록도 1/100초로 표시된다.

11.3 임원에 의해 종료되는 모든 계측장치는 시계로 간주된다. 그러한 수동적인 기록은 해당 국가의 연맹에서 임명하거나 승인한 3명의 계측원이 측정해야 한다. 모든 시계는 관련 주관 단체가 만족할 만큼 정확한 것으로 확인되어야 한다. 수동 계측은 1/100초까지 기록된다. 자동장치가 사용되지 않는 경우, 공식 수동 기록은 다음과 같이 결정된다.

11.3.1 3개의 시계 중 2개의 시계가 동일한 시간을 기록하고 세 번째 시계가 일치하지 않는 경우, 2개의 동일한 기록이 공식 기록이 된다.

11.3.2 3개의 시계가 모두 일치하지 않으면, 중간 시간을 기록하는 시계의 시간이 공식 기록이 된다.

11.3.3 3개의 시계 중 2개만 작동하면 그 평균 시간이 공식 기록이 된다. 이 계산 결과치는 1/1000초로 표시되며, 마지막 숫자는 반올림하지 않고 버림한다.

11.4 선수가 경기 중이나 경기 후에 실격되면, 그러한 실격은 공식 결과에 기록되어야 하지만, 시간기록이나 순위는 기록되거나 발표되지 않는다.

11.5 단체전 실격의 경우, 실격 시점까지의 합법적인 구간 기록은 공식 결과로 기록된다.

11.6 단체전 중 첫 번째 영자의 모든 50m 및 100m 구간은 기록되고 공식 결과로 발표된다.

12 세계 기록(WORLD RECORDS)

12.1 50m 코스의 세계기록 및 세계주니어기록의 경우, 남녀 모두 다음과 같은 거리와 영법이 인정된다.

자유형	50m, 100m, 200m, 400m, 800m, 1500m
배영	50m, 100m, 200m
평영	50m, 100m, 200m
접영	50m, 100m, 200m
개인 혼영(Individual Medley)	200m, 400m
계영(Freestyle Relays)	400m, 800m
혼계영(Medley Relay)	400m
혼성 단체전(Mixed Relays)	계영 400m, 혼계영 400m

12.2 25m 코스의 세계기록 및 세계주니어기록의 경우 남녀 모두 다음과 같은 거리와 영법이 인정된다.

자유형(Freestyle)	50m, 100m, 200m, 400m, 800m, 1500m
배영(Backstroke)	50m, 100m, 200m
평영(Breaststroke)	50m, 100m, 200m
접영(Butterfly)	50m, 100m, 200m
개인 혼영(Individual Medley)	100m, 200m, 400m
계영(Freestyle Relays)	200m, 400m, 800m
혼계영(Medley Relay)	200m, 400m
혼성 단체전(Mixed Relays)	계영 200m, 혼계영 200m

12.3 세계주니어기록의 연령 그룹은 WORLD AQUATICS 세계 주니어 수영선수권대회(World Junior Swimming Championships)와 동일하다.

12.4 단체전의 구성원은 동일한 국적이어야 한다.

12.5 모든 기록은 기록을 깨기 위한 개인경기나 핸디캡이 없는 대등한 경기에서 수립되어야 하고, 공개적으로 개최되어야 하며, 경기가 진행되기 최소 3일 전에 공고를 통해 공개적으로 발표되어야 한다. 경기 중 타임 트라이얼(time trial)로서 회원 연맹이 승인한 기록을 깨기 위한 개인경기의 경우에는 경기 시작 최소 3일 전 공고가 필요하지 않다.

12.6 코스의 각 레인의 길이는 레인이 위치한 국가의 회원 연맹이 임명하거나 승인한 측량사 또는 기타 자격을 갖춘 임원이 증명(인증)해야 한다.

12.7 움직이는 격벽이 사용될 경우, 기록이 수립된 세션 끝날 때 레인의 코스 치수(길이)를 확인해야 한다.

12.8 세계기록 및 세계주니어기록은 자동계측장치(Automatic Officiating Equipment)로 기록된 경우에만 인정되며, 혹은 자동계측장치시스템 고장의 경우, 반자동계측장치(Semi-Automatic Officiating Equipment)로 기록된 경우에 인정된다.

12.9 세계기록 및 세계주니어기록은 선수가 WORLD AQUATICS 승인 수영복을 착용한 경우만 인정된다.

12.10 1/100초까지 동일한 시간은 동일한 기록으로 인정하며, 이 동일한 기록을

수립한 선수들을 "공동기록 보유자(Joint Holders)"라고 한다. 세계주니어기록을 제외하고 시합 승자의 기록만 세계기록으로 제출할 수 있다. 기록을 세운 시합에서 동점인 각 선수는 승자로 간주된다.

12.11 세계기록 및 세계주니어기록은 염분이 리터당 3그램 미만인 물에서만 수립이 인정된다. 어떠한 바다나 대양의 물에서 수립된 세계기록은 인정하지 않는다.

12.12 혼성 계영을 제외한 계영에서 첫 번째 영자는 세계기록 또는 세계주니어기록을 신청할 수 있다. 본 세부 조항에 따라 단체전의 첫 번째 영자가 기록적인 시간 내에 본인의 거리를 완영한 경우, 그 거리를 완영한 후 발생하는 위반으로 인해 소속팀이 어떠한 실격을 해도 그의 기록은 무효화 되지 않는다.

12.13 선수나 선수의 코치 또는 매니저가 특별히 심판장에게 선수의 중간거리 기록이 계측되도록 특별히 요청하는 경우, 또는 중간거리의 기록이 자동계측장비에 의해 기록되는 경우, 개인 종목의 선수는 중간거리에서의 세계기록 또는 세계주니어기록을 신청할 수 있다. 그러한 선수가 중간거리에서의 기록을 신청하기 위해는 해당 종목의 정해진 거리를 완영해야 한다.

12.14 세계 기록과 세계 주니어 기록 비준 요청은 해당 경기의 책임 당국인 조직 또는 운영 위원회에 의해 WORLDAQUATICS 공식 양식을 통해 수영장 측정 및 치수 증명서와 선수 해당 경기 직후, 혹은 24시간 내 진행된 검사에서의 음성반응 확인서를 포함하여 모든 규정을 준수했음을 확인하여 수립 선수의 소속 국가 회원 연맹의 공인 대표가 서명해야 한다. 단체전에서 세계 기록/주니어 기록을 깨거나 타이 기록이 나왔을 때, 특정 경기에서 역영한 4명의 선수의 도핑검사에서의 음성반응 확인서를 제출해야 한다. 신청서는 수립 이후 14일 이내에 WORLD AQUATICS 사무총장에게 전달되어야 한다.

12.15 세계기록 또는 세계주니어기록 수립 관련 요청은 수립 후 7일 이내에 WORLD AQUATICS 사무총장에게 이메일로 잠정적으로 보고되어야 한다.

12.16 선수의 소속 국가 연맹은 공식 신청서가 적절한 당국에 의해 적절하게 제출되었는지 확인하고, 필요한 경우 정보를 얻고 조치를 취하기 위해 WORLD AQUATICS 사무총장에게 이 기록 수립을 서한으로 보고 해야 한다.

12.17 공식 신청서가 접수되고, 수영장 치수 증명서 및 음성반응 도핑검사 증명서 등 신청에 포함된 정보가 정확하다고 확인되면, WORLD AQUATICS 사무총

장은 새로운 세계기록 또는 세계주니어기록을 선언하고, 그러한 정보를 게시하고 신청을 승인 받은 자에게 인증서를 보내도록 해야 한다.

12.18 올림픽 게임, 세계수영선수권대회, 세계 주니어 수영선수권대회, 월드컵 기간 동안 수립된 모든 기록은 자동으로 승인된다.

12.19 12.14항의 절차가 전개되지 않았을 경우, 그에 대한 불이행으로 선수의 소속 국가 연맹은 세계기록 또는 세계주니어기록을 신청할 수 있다. 적절한 조사를 거친 후 그 요청이 올바른 것으로 밝혀지면 WORLD AQUATICS 사무총장 권한 안에 기록을 승인할 수 있다.

12.20 세계기록 또는 세계주니어기록 신청이 WORLD AQUATICS에서 승인되면, WORLD AQUATICS 회장(President of WORLD AQUATICS)이 서명한 증서(diploma)를 사무총장이 기록 수립을 인정한 선수에게 수여하기 위해 소속 국가의 연맹에 전달해야 한다. 다섯 번째 세계기록 증서(fifth World Record diploma)는 계영팀이 세계기록 또는 세계주니어기록을 수립한 모든 회원 연맹에 발급된다. 이 증서는 회원 연맹이 보유한다.

12.21 때때로 WORLD AQUATICS는 선수가 세계기록 또는 세계주니어기록을 수립할 수 있는 새로운 종목을 추가할 수 있다. 이러한 각 종목에 대해 WORLD AQUATICS는 목표시간(Target Times)을 설정한다. 선수가 목표시간보다 더 나은 기록을 달성하면, 12항의 모든 요구사항이 충족되는 한 세계기록 또는 세계주니어기록으로 간주된다.

13 자동계측절차(AUTOMATIC OFFICIATING PROCEDURE)

13.1 자동계측장치(16.3항 참조)가 경기에 사용될 때, 그렇게 결정된 순위와 기록, 그러한 장치에 의한 릴레이 출발(relay take-offs) 판정은 계측원과 반환점 심판(inspectors of turns)보다 우선한다.

13.2 자동 장치가 주어진 경기에서 1명 이상의 선수의 순위 및/또는 시간을 기록하지 못하는 경우

  13.2.1 사용 가능한 모든 자동 장치의 시간과 순위를 기록하고

  13.2.2 사람의 모든 시간과 순위를 기록한다.

13.2.3 공식 순위는 다음과 같이 결정된다.

13.2.3.1 자동장치의 기록 및 순위에 있는 선수는 해당 경기에서 자동장치 기록 및 순위가 있는 다른 선수들과 비교하여 상대 순위를 보유한다.

13.2.3.2 자동장치 순위는 없지만 자동장치 기록이 있는 선수는 자신의 자동장치 기록을 다른 선수들의 자동장치 기록과 비교하여 상대 순위를 결정한다.

13.2.3.3 자동장치 순위도 자동장치 기록도 없는 선수는 반자동 장치 또는 시계에서 기록된 시간으로 상대 순서를 설정한다.

13.3 공식 기록은 다음과 같이 결정된다.

13.3.1 자동장치 기록이 있는 모든 선수는 그 기록이 공식 기록이다.

13.3.2 자동장치 기록이 없는 모든 선수의 공식 기록은 반자동 장치 또는 시계에서 기록된 시간 기록이다.

13.4 종목의 예선에서 종합적으로 상대 순위(순서)를 결정하기 위해 다음과 같이 진행한다.

13.4.1 모든 선수들의 상대 순위는 그들의 공식 기록을 비교하여 결정된다.

13.4.2 어떤 선수의 공식 기록이 1명 이상 선수의 공식 기록과 같을 경우, 해당 기록을 가진 모든 선수는 해당 종목에서 최종 상대 순위가 동일하다.

14 연령그룹 규정(AGE GROUP RULES)

14.1 세계 주니어 수영선수권대회 연령 그룹은 남녀 모두 대회가 개최되는 연도의 12월 31일을 기준으로 14세에서 18세 사이여야 한다.

14.2 올림픽 게임, 세계수영선수권대회와 세계수영선수권대회(25m)에 출전하는 선수의 최소 연령은 세계 주니어수영선수권대회와 동일하게, 대회가 개최되는 연도의 12월 31일을 기준으로 14세 이상이어야 한다. 각 세부종목에서 기준 기록 "B"를 달성한 선수라면 더 어린 선수도 출전할 수 있다.

14.3 각 연맹은 WORLD AQUATICS 기술 규정을 이용하여 자체 연령그룹 규칙을 채택할 수 있다.

15 경기복 및 착용 가능 의류(SWIMWEAR AND WEARABLES)

15.1 경영 경기의 경우, 남자 수영복은 배꼽 위보다 올라오거나 무릎 아래보다 내려가서는 안 된다. 여자 수영복은 목을 덮어서는 안 되며, 어깨를 지나 무릎 아래보다 내려가서는 안 된다. 수영복은 직물 소재로 제작되어야 한다.

15.2 경영 선수는 어떠한 경우에도 경기 중에 속도, 부력 또는 지구력에 도움이 될 수 있는 장치나 수영복을 사용하거나 착용할 수 없다(물갈퀴용 장갑, 오리발, 핀, 파워 밴드 또는 접착물 등). 기술 및 자동화된 데이터 수집 장치의 사용은 데이터 수집을 위한 목적으로만 허용된다. 데이터, 소리 또는 신호를 선수에게 전송하는 데 사용해서는 안 되며, 속도를 보조하는 데 사용해서는 안 된다. 수경은 착용할 수 있다. 부상 때문인 경우에는 한 두 개 이하의 손가락이나 발가락을 테이핑 할 수 있다. 국제연맹의 승인이 없는 한, 그 외 다른 종류의 테이핑은 허용되지 않는다.

15.3 세계 기록(세계 주니어 기록과 세계 마스터즈 기록 포함)은 승인된 경기복을 착용한 경우에만 국제연맹에서 인정한다. 국제연맹에서는 실험실에서 추가 분석을 위해 세계기록을 수립한 선수가 착용한 수영복을 제출하라고 요청할 수 있다.

CHAPTER 02

구술 100문 100답

Q1. 우리나라가 최초로 출전한 올림픽과 이때 참가했던 수영의 종목을 설명하시오.	1960년 로마 하계 올림픽에 최초로 출전했으며, 최초 참가 종목은 다이빙이다.
Q2. 우리나라 수영 종목 중 경영 부분으로 최초 메달을 획득했던 선수와 해당하는 올림픽을 말하시오.	2008년 베이징 하계 올림픽에서 우리나라 수영 종목 중 경영 부분 최초로 박태환 선수가 금메달과 은메달을 목에 걸었다.
Q3. 한국 수영의 역사에 대하여 아는 대로 설명하시오.	• 1898년: 무관학교에서 학생들에게 처음 수영을 가르침 • 1929년: 제1회 수영대회가 개최됨 • 1946년: 조선수상경기연맹이 창립됨 • 1966년: 대한수영연맹으로 개칭함
Q4. 안전심판의 역할에 대하여 설명하시오.	안전심판은 경영 경기에는 없고 오픈워터 경기에만 있는 심판으로, 안전요원 자격증과 응급처치 자격증을 소지해야 한다. 오픈워터 경기의 안전과 관련된 부분을 모두 체크하고 확인하는 역할을 한다.

Q5. 영법심판의 위치와 역할에 대하여 아는 대로 설명하시오.	① 위치: 영법심판은 풀 양쪽에 각각 위치한다. ② 역할 • 각 영법심판은 해당 종목의 수영 영법과 관련된 규칙이 잘 지켜지고 있는지를 확인해야 하며, 반환심판을 도와 턴과 피니시를 관찰해야 한다. • 영법심판은 모든 위반사항에 대해 서명된 카드에 종목, 레인번호와 위반내용을 적어 심판장에게 보고해야 한다. 영법심판이 위반사항이 적힌 카드를 심판장에게 주었다고 해도 시합에 대한 모든 권한은 심판장에게 있기 때문에 즉시 실격되지 않는다.
Q6. 반환심판의 위치와 역할에 대하여 아는 대로 설명하시오.	① 위치: 각 레인의 풀 양끝에 한 명씩 위치한다. ② 역할 • 출발 직후, 턴 전, 턴 직후, 도착 시 적용되어야 하는 규정을 준수하는지 확인한다. • 배영 렛지(스타트 발판) 사용 시 렛지를 설치하고 치워야 한다. • 800m, 1500m 개인종목 시 '랩카드'를 전시하여 남은 바퀴를 알 수 있게 한다. • 800m, 1500m 개인종목 시 마지막 바퀴 전 전방 5m, 반환 후 5m에 이를 때까지 호각이나 종으로 신호를 반복한다. • 단체종목 시 출발대 쪽에 위치한 반환심판은 터치와 출발규정을 잘 지켰는지 확인한다.
Q7. 심판장의 역할에 대하여 아는 대로 설명하시오.	• 심판장은 모든 임원을 통제, 관할하고 그들의 임무를 승인하며 대회와 관련된 모든 특수사항 및 규칙에 관해 지시해야 한다. 심판장은 WORLD AQUATICS의 모든 규칙 및 결정을 시행해야 하며 대회의 진행과 종목이나 경기에 관련된 모든 문제를 결정해야 하고, 규정에 의해 해결되지 못하는 최종 결정을 내려야 한다. • 심판장은 호각을 불어 선수가 옷을 탈의하고, 출발대에 서게 하고, 출발자세를 취할 수 있게 신호한다.

- 선수와 임원이 출발준비가 되어 있을 때 심판장은 출발심판에게 팔을 쭉 뻗는 몸짓으로 출발심판이 출발할 수 있도록 권한을 넘긴다. 팔을 뻗고 있는 몸짓은 스타트할 때까지 그대로 유지되어야 한다.
- 출발신호 전 출발(부정출발)에 대한 실격은 출발심판과 심판장 모두 적발하고 확인해야 한다.
- 심판장은 준수해야 하는 규정위반에 대해 선수를 실격시킬 수 있다. 모든 실격은 심판장의 결정을 필요로 한다.

Q8.

예선전 선수 레인 배정 방법에 대하여 설명하시오.

- 예선이 3조로 나뉠 경우 가장 기록이 빠른 선수는 예선 세 번째 경기, 그 다음 빠른 선수는 예선 두 번째 경기, 그 다음 빠른 선수는 예선 첫 번째 경기에 배치하는 순으로 4레인부터 채워지게 배정되며, 네 번째로 빠른 선수는 세 번째 경기의 5레인에 배정된다.
- 참가선수들의 공식기록을 제출받거나 기록이 있는 경우 빠른 기록 순으로 레인을 배정한다. 공식기록이 제출되지 않거나 없는 선수들은 가장 느린 것으로 간주되어 기록 없이 목록의 끝에 놓이게 된다. 1/100까지 같은 기록을 가진 선수들이나 기록을 제출하지 않은 선수가 2인 이상일 경우 배정은 추첨으로 한다.

Q9.

결승전에서 레인 배정을 어떻게 하는지를 설명하시오.

예선경기 후 추려진 8명의 선수는 기록이 빠른 순서대로 4 − 5 − 3 − 6 − 2 − 7 − 1 − 8레인에 위치한다(4레인을 기준으로 오른쪽, 왼쪽, 오른쪽 반복). 만약 경기장의 레인이 6레인이라면 3 − 4 − 2 − 5 − 1 − 6 순이 된다.

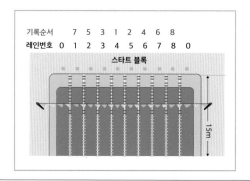

Q10. 예선경기에서 8위 선수가 2명일 경우의 해결방법을 말하시오.	예선경기에서 선수 기록이 1/100초까지 동일할 경우 결승진출 결정을 위한 재경기(SWIM OFF: 스윔오프)가 있어야 한다. 재경기는 모든 선수가 해당 종목의 예선을 끝내고 경기운영 관련자와 경기 당사자가 동의를 한 때 이루어져야 한다. 재경기를 실시했음에도 동일한 기록이 나온다면 다시 재경기를 열어야 한다.
Q11. 개인혼영의 경기 종목에 대하여 말하시오.	• 50m(LONG COURSE) 수영장: 200m, 400m • 25m(SHORT COURSE) 수영장: 100m, 200m, 400m
Q12. 자유형 영법 및 경기 실격 사유를 말하시오.	[경기 실격] ① 물속동작 시 머리가 15m를 넘는 경우 ② 코스(레인로프)를 당기거나 다른 코스로 침범하는 경우 ③ 수영장 바닥을 걷는 경우 * 자유형 및 혼영 종목의 자유형 구간 동안 바닥에 서는 것은 실격되지 않지만, 수영장 바닥을 걷는 것은 실격된다. [영법 실격] 자유형 경기는 영법이나 폼에 의해 실격되지 않으나 접영, 배영, 평영을 제외한 영법이라고 정해졌을 때는 자유형만 해야 한다.
Q13. 평영 영법 및 경기 실격 사유를 말하시오.	[경기 실격] ① 물속동작의 횟수가 오버될 경우(돌핀킥, 암 스트로크, 평영킥 모두 1회) ② 코스(레인로프)를 당기거나 다른 코스로 침범하는 경우 ③ 바닥에 닿아 멈추거나, 수영장 바닥으로부터 이동하는 경우 [영법 실격] ① 두 팔 혹은 두 다리가 동일하게 움직이지 않는 경우 ② 평영킥 후 접영킥이나 자유형킥을 차는 경우 ③ 터치 시 짝손으로 터치하는 경우

	④ 턴 전, 턴 도중, 피니시에서의 마지막 스트로크를 제외하고 팔꿈치가 수면 위로 올라오는 경우 ⑤ 출발과 턴 후 물 속에서 첫 스트로크를 하는 동안을 제외하고 스트로크 시 손이 힙라인을 넘어서는 경우
Q14. **배영 영법 및 경기 실격 사유를 말하시오.**	[경기 실격] ① 물속동작 시 머리가 15m를 넘는 경우 ② 코스(레인로프)를 당기거나 다른 코스로 침범하는 경우 ③ 바닥에 닿아 멈추거나, 수영장 바닥으로부터 이동하는 경우 [영법 실격] ① 출발 후, 턴 후를 제외하고 역영하는 동안 신체 일부분이 수면에 나와 있지 않는 경우 ② 턴하기 전을 제외하고 역영 도중 등이 보이는 경우 ③ 턴 후 벽을 떠날 때 등이 보이는 경우
Q15. **접영 영법과 경기의 실격 사유를 말하시오.**	[경기 실격] ① 물속동작 시 머리가 15m를 넘는 경우 ② 코스(레인로프)를 당기거나 다른 코스로 침범하는 경우 ③ 바닥에 닿아 멈추거나, 수영장 바닥으로부터 이동하는 경우 [영법 실격] ① 양팔이 짝팔로 움직이는 경우 ② 킥을 찰 때 동시에 움직이지 않고 자유형킥을 차는 경우(플러터킥) ③ 역영 시 신체 일부가 수면 위에 올라오지 않는 경우 ④ 터치 시 짝손으로 터치하는 경우
Q16. **계영의 실격 사유를 말하시오.**	① 정해진 순서를 위반하여 다른 선수가 입수하는 경우 ② 앞 선수가 터치하기 전에 출발대에서 발이 떨어지는 경우 ③ 다른 선수 레인에서 출발을 방해하거나 오래 머무는 경우 * 역영을 마친 선수는 다른 선수에게 방해되지 않도록 가능한 빨리 퇴수해야 한다.

Q17. 각 종목별로 출발 신호 전 심판장이 신호하는 호각은 몇 번이며 각 무엇을 뜻하는지 설명하시오.	[자유형, 평영, 접영, 개인혼영, 계영] • 첫 번째(연속적으로 짧게 부는 호각): 탈의를 마친 선수들을 출발점에서 준비하도록 불러모으는 단계 • 두 번째(한 번 길게 부는 호각): 출발 플랫폼에서 출발 자세를 잡는 단계 [배영, 혼계영] • 첫 번째(연속적으로 짧게 부는 호각): 탈의를 마친 선수들을 출발점에서 준비하도록 불러모으는 단계 • 두 번째(한 번 길게 부는 호각): 입수 단계 • 세 번째(한 번 길게 부는 호각): 출발 플랫폼에서 출발 자세를 잡는 단계
Q18. 배영의 출발 규칙을 말하시오.	① 물속에서 양 손으로 스타트대를 잡고 출발대와 정렬한다. ② 렛지(배영스타트 발판) 사용 시 두 발가락은 터치패드 벽 또는 표면과 접촉해야 한다. ③ 물속동작 시 머리가 15m를 넘어서는 안 된다.
Q19. 배영 깃발이 있는 이유를 설명하시오.	누워서 하는 배영은 바닥에 있는 T선을 볼 수 없어서 터치패드와의 거리를 확인하기 어렵기 때문에, 터치패드에서 5m 지점 상단에 깃발을 달아 턴과 터치 거리를 알 수 있게 하기 위함이다.
Q20. 부정 출발 로프란 무엇인지 설명하시오.	• 수영장 출발과 끝 지점으로부터 15m 앞에 설치된 줄로, 수면으로부터 1.2m 이상 떨어져 있어야 한다. • 부정 출발 로프는 수영장을 가로질러 설치되어 있으며, 부정 출발 시 로프를 내려 선수의 역영을 멈추게 한다.

Q21. **정식 공인 수영 경기장의 수심, 수온, 염도를 말하시오.**	• 수심: 올림픽 및 세계수영선수권대회 50m 수영장 최소 2.5m, 세계수영선수권대회 25m 최소 2.0m • 수온: 25~~28℃ • 염도: 3g/Litre * 세계기록과 세계 주니어 기록은 염분이 3g 미만인 물에서만 인정된다. * 올림픽 또는 세계 수영 선수권대회에서 다른 종목(아티스틱 스위밍 및 워터폴로)에 사용되는경우: 3m
Q22. **정식 공인 수영 경기장의 뜻과 국제, 국내 규격을 말하시오.**	• 정식 공인 수영장이란 국제수영연맹 World Aquatics에서 정한 규격에 맞도록 설계가 되어 인정되는 수영장을 말하며, 이것에 따라 경기 기록의 인정 여부가 결정된다. • 길이 50m, 폭 21m, 깊이 1.98m 이상이 되어야 하며, 총 8레인에 레인폭은 2.5m(1~8레인 밖으로 0.5m 간격 유지)가 되어야 한다. 출발대는 가로*세로 각각 50cm이다.
Q23. **오픈워터 경기의 수심과 수온을 말하시오.**	① 수심: 최소 수심은 1.4m 이상이어야 한다. ② 수온: World Aquatics 규정상 16℃ 이상 31℃ 이하여야 하지만, 한국과 일본의 경우 22℃ 이하면 시합 진행이 불가하다. 수온은 당일 시합 시작 2시간 전에 중간지점 40cm의 깊이에서 체크해야 한다.
Q24. **오픈워터 수영에 대해 설명하시오.**	• 오픈워터 스위밍(Open water swimming)은 바다와 강, 호수 등 자연의 물속에서 행해지는 수영 종목으로 영법은 거의 자유형으로 이루어진다. 육상의 마라톤처럼 중간에 음식물 섭취가 가능하다. • 경기종목: 남·여 5km, 10km, 혼성 단체전 6km(남자 2·여자 2 각 1.5km씩 완영)
Q25. **실격 시 항의하는 방법에 대하여 설명하시오.**	경기종료 30분 내 심판에게 불복의사를 표시한다. 심판이 불복을 거부할 때는 상소위원회에 재심을 요청할 수 있다.

Q26. 수온이 너무 낮거나 높은 경우 발생할 수 있는 문제점에 대하여 설명하시오.	• 수온이 낮으면 호흡하기 힘들고 근육이 수축되어 부상의 위험이 높아진다. • 수온이 높으면 물의 밀도가 낮아져서 사람의 부력이 줄어들기 때문에 수영경기에 적절하지 않다.
Q27. 스타트대의 높이와 규격에 대하여 설명하시오.	수면에서 50~75cm 높이에 있으며, 규격은 가로*세로 각각 50cm이다.
Q28. World Aquatics 란 무엇인지 말하시오.	1908년 런던 올림픽에서 창립된 국제 수영연맹을 뜻하며 2023년 개칭된 (구)FINA의 새로운 명칭이다.
Q29. World Aquatics의 소재지와 하는 일을 말하시오.	• 1908년 런던 올림픽에서 창립된 국제수영연맹을 뜻한다. 국제수영연맹은 경영, 수구, 다이빙, 아티스틱 스위밍, 바다수영, 하이다이빙 총 6개의 종목과 마스터즈를 주관한다. • 경기단체는 스위스 로잔(Lausanne, Switzerland)에 위치하고 있다.
Q30. 5대 스포츠 축제를 우리나라와 관련지어서 설명하시오.	5대 스포츠 축제란 세계수영선수권대회, 하계/동계 올림픽, 국제축구연맹(FIFA)월드컵, 세계육상선수권대회를 뜻한다. 2019년 광주에서 세계수영선수권대회가 열리면서 한국은 독일, 이탈리아, 일본에 이어 네 번째로 5대 스포츠 축제를 모두 개최한 나라가 되었다.

Q31. 800m, 1500m 경영과 같은 장거리 경기에서 마지막 한 바퀴가 남았을 때 심판이 취하는 행동에 대하여 설명하시오.	마지막 100m가 남아있는 상황에서, 심판은 선수들이 들어오기 전 5m부터 턴 이후 5m까지 준비되어 있는 종을 흔들어 종소리로 선수에게 마지막 바퀴임을 알린다.
Q32. 장거리 표시기에 대하여 설명하시오.	심판이 넘기는 숫자 표시기(LAP CARD)를 이용하여 관중이나 선수가 잘 볼 수 있도록 알려주는 표시기이다.
Q33. 수영의 종류를 말하시오.	경영, 수구, 아티스틱 스위밍, 다이빙, 오픈워터, 하이다이빙이 있다.
Q34. 경영의 종목에 대하여 아는 대로 설명하시오.	경영은 자유형, 평영, 접영, 배영, 혼영, 계영, 개인혼영, 혼계영, 마라톤 등의 종목으로 나뉜다.
Q35. 자유형 경기의 종목을 개인종목과 단체종목으로 나눠서 설명하시오.	[50m 수영장 기준] ① 개인종목: 50m, 100m, 200m, 400m, 800m, 1500m ② 단체종목: 계영 400m, 800m [25m 수영장 기준] ① 개인종목: 50m, 100m, 200m, 400m, 800m, 1500m ② 단체종목: 계영 200m, 400m, 800m

Q36.

영법별 남·여 경기 종목을 말하시오.

	남	여
자유형	50m, 100m, 200m, 400m, 800m, 1500m	50m, 100m, 200m, 400m, 800m, 1500m
배영	100m, 200m	100m, 200m
평영	100m, 200m	100m, 200m
접영	100m, 200m	100m, 200m
개인 혼영	200m, 400m	200m, 400m
단체전: 계영	400m, 800m	400m, 800m
단체전: 혼계영	400m	400m
혼성 단체전	혼계영 400m	

Q37.

세계수영선수권대회 short course (25m) 종목을 말하시오.

자유형	50m, 100m, 200m, 400m, 800m, 1500m(50m와 동일)
배영	50m, 100m, 200m (50m와 동일)
평영	50m, 100m, 200m (50m와 동일)
접영	50m, 100m, 200m (50m와 동일)
개인 혼영	100m, 200m, 400m
계영	200m, 400m, 800m
혼계영	200m, 400m
혼성 계영	200m
혼성 혼계영	200m

Q38.

세계기록이 인증되는 경우를 말하시오.

• 국제수영연맹(World Aquatics)에서 승인된 경기복을 착용한 경우
• 염분이 리터당 3g 미만일 경우

Q39.

2020년 도쿄 올림픽에서 신설된 종목 3가지는?

남자 자유형 800m, 여자 자유형 1500m, 혼성혼계영 400m

Q40. 혼계영 역영 순서를 설명하시오.	배영 → 평영 → 접영 → 자유형의 순서로 4명의 영자가 총 거리의 1/4을 역영한다.
Q41. 혼계영 경기 시 배영이 첫 번째 주자인 이유에 대하여 설명하시오.	혼계영은 선수가 터치를 해서 이어받아 출발하는 방식이므로, 배영스타트와 터치가 겹칠 수 있기 때문에 배영이 첫 번째로 출발한다.
Q42. 혼계영 시 마지막 주자의 영법에 대하여 설명하시오.	혼계영의 순서는 배영 → 평영 → 접영 → 자유형으로 실시한다. 이때 마지막 주자가 실시하는 자유형은 배영, 평영, 접영을 제외한 영법이기 때문에 크롤영, 즉 자유형만 가능하다.
Q43. 롤오버턴에 대하여 아는 대로 설명하시오.	• 배영 역영 후 마지막 스트로크에 몸을 돌려 앞구르기 턴을 하여 배면으로 나오는 턴을 이야기한다. • 백플립턴(back flip turn), 배영플립턴(backstroke flip turn)이라고도 불린다.
Q44. 스타트의 종류에 대하여 아는 대로 설명하시오.	• 그랩 스타트와 크라우칭 스타트가 있다. • 그랩 스타트는 두 다리를 블록 전면 중앙에 두고 준비하며, 무게중심이 불안정하지만 순간스피드가 빠르다. • 크라우칭 스타트는 한쪽 다리는 블록 전면 중앙에, 다른 한쪽 다리는 블록 후면 중앙에 얹어두고 준비하며 무게중심이 안정하다. 입수 시 엉덩이보다 다리가 높게 올라가기 때문에 완만한 입수각을 만들 수 있다. • 근래에는 신형 스타트 블록의 도입으로 크라우칭 스타트가 독보적으로 많이 사용된다.

Q45. **배영 스타트 방법을 순서대로 설명하시오.**	① 양손을 어깨너비로 벌려 스타트대 바를 잡고 무릎을 굽혀 양발은 풀벽에 댄다. ② 출발신호와 함께 머리를 뒤로 젖히고 발로 풀벽을 강하게 밀면서 점프한다. ③ 양손은 빠르게 머리 위로 넘기고 몸을 아치 모양으로 만들어 입수한다.
Q46. **스트로크 단계를 설명하시오.**	① 엔트리(Entry): 손이 수면에 입수됨 ② 글라이드(Glide): 입수된 손이 앞으로 뻗어짐 ③ 캐치(Cacth): 물을 잡는 단계 ④ 풀(Pull): 물을 밀어내는 단계 ⑤ 피니시(Finish): 스트로크가 마무리 단계 ⑥ 리커버리(Recovery) : 물밖으로 되돌아오는 단계
Q47. **4가지 영법을 가장 빠른 영법부터 순서대로 말하시오.**	자유형 → 접영 → 배영 → 평영 
Q48. **사이드턴에 대하여 설명하시오.**	사이드턴은 옆으로 회전하는 턴을 뜻한다. 평영, 접영 시 두 손으로 터치 후 사이드턴을 해야 하며, 자유형은 한 손 터치 후 사이드턴을 할 수 있다.
Q49. **플립턴이란 무엇인지 말하시오.**	앞구르기하듯 회전하여 하는 턴을 뜻하며, 퀵턴이라고 불리기도 한다. 플립턴은 자유형과 배영만 할 수 있다.

Q50. 각 영법당 터치 방법을 말하시오.	• 접영, 평영: 두 손 터치 • 자유형 배영: 한 손 터치
Q51. 터치패드의 규격에 대하여 설명 하시오.	최소 규격은 폭 2.4m, 높이 0.9m이며 두께는 최대 0.01m 이다. 터치패드는 수면 위 0.3m에서 수면 아래 0.6m까지 걸쳐 있어야 한다.
Q52. 종목별 턴을 설명하시오.	• 자유형: 플립턴, 사이드턴 • 배영: 롤오버턴, 오픈턴 • 평영: 사이드턴 • 접영: 사이드턴 • 개인혼영: 접영에서 배영 오픈턴, 배영에서 평영 크로 스오버턴, 크로스오픈턴, 평영에서 자유형 사이드 턴
Q53. 전신 수영복이 공식대회에서 인 정되지 않는 이유에 대하여 아는 대로 설명하시오.	2008년 도입된 첨단수영복은 물을 먹지 않게 하는 폴리 우레탄으로 제작되었다. 수영복이 몸에 밀착되어 물의 저항을 덜 받게 했고, 130여 개의 세계기록을 갈아치울 정도로 탁월한 효과를 보였다. 이에 따라 개인의 역량보다는 첨단수영복의 도움을 받 는 부분이 커지면서, 2009년 로마 세계선수권 대회를 끝 으로 전신 수영복을 입고 경기에 나갈 수 없게 되었다. 2010년 5월부터 복합 인조소재 수영복은 금지되었으며 남자는 무릎 길이의 하의 수영복만 가능하게 되었다.
Q54. 도핑에 대하여 아는 대로 설명 하시오.	경기에서 성적을 올리는 목적으로 선수에게 주사 또는 약물을 주입하였을 때 실시하는 약물검사를 말한다. 약 물은 건강을 해칠 우려가 있을 뿐만 아니라 스포츠 정신 에도 위배되기 때문에 IOC는 물론 각 국제·국내 경기연 맹에서도 금지하고 있다.

Q55. 저항의 의미와 종류에 대하여 말하시오.	항력은 수영할 때 사람이 수행하는 동작에 반대로 작용하는 유체의 힘으로, 쉽게 말해 저항이라고 한다. 크게 형태항력, 파동항력, 표면항력이 있다.
Q56. 표면저항(항력)에 대하여 아는 대로 설명하시오.	• 표면저항은 다른 말로 마찰저항이라고도 불린다. 표면저항은 우리가 물을 밀어 앞으로 나아갈 때 앞으로 나아가는 힘에 반대되는 힘을 말하며, 신체 표면에 의해 나타난다. • 신체 표면에는 물의 점도나 속성에 의해서 경계층이 형성되는데, 이 경계층이 크면 그만큼 표면저항이 커지기 때문에 유체의 흐름이 느려진다.
Q57. 표면저항을 줄이기 위한 행동을 말하시오.	수영 선수들은 표면저항을 줄이기 위해 전신을 면도하기도 하고, 얇은 첨단 소재를 사용하여 몸에 밀착되는 수영복과 수영모자, 수경을 착용하기도 한다.
Q58. 형태저항(항력)에 대하여 아는 대로 설명하시오.	배가 물속에서 빠르게 이동하면 뒤쪽에는 난류지역이 발생하게 되는데, 이 난류지역에서는 유체입자가 불규칙하게 뒤섞여서 소용돌이를 일으킨다. 이처럼 사람이 물속에서 헤엄칠 때 앞면과 뒷면 간의 유체압력 차이에 의해 발생된 저항을 형태저항이라고 한다.
Q59. 형태저항(항력)을 줄이기 위한 행동을 말하시오.	수영할 때는 물살을 가르면서 앞으로 전진해야 하므로 형태저항을 최소화 할 수 있는 스트림라인 자세가 필수적이다. 이는 사이클 선수가 공기 저항을 최소화하기 위해 몸을 낮춰서 타는 것과 같은 이치이다.

Q60. 파동저항(항력)에 대하여 아는 대로 설명하시오.	파동저항은 수면에서 형성된 난류에 의해 생긴 저항이다. 선수가 수면 가까이에서 움직이면 물결의 크기가 증가하고 파도가 발생하여 앞으로 나아가는 것을 방해받는 저항을 말한다.
Q61. 견인저항에 대하여 아는 대로 설명하시오.	수영할 때 정반대로 몸의 후방에서 생기는 소용돌이 모양으로 나타나며, 물의 역류에 의해 후방으로 끌어당겨지는 느낌의 저항을 말한다.
Q62. 영법 중 파동저항을 가장 많이 받는 영법을 말하고, 파동저항을 줄이기 위한 방법에 대하여 설명하시오.	• 영법 중에서는 특히 상하 움직임이 많은 평영과 접영이 파동저항의 영향을 많이 받는다. • 파동저항을 줄일 수 있는 방법은 가능한 오랫동안 완전히 잠수하여 잠영을 하거나 자유형, 배영처럼 수면 위로 스치듯이 떠서 수영을 하는 방법이 있다. • 파동저항은 수영장의 배수로와 레인 줄의 유무에 따라 크기가 달라지는데, 만약 수영장에 레인 줄과 물이 빠지는 배수로가 없다면 파도가 계속 만들어지기 때문에 파동저항이 커지게 된다. 하지만 일반적으로 수영장에는 배수로와 레인 줄이 있어서 물결이 확산되는 파동저항을 줄여준다.
Q63. 스포츠 심장에 대하여 아는 대로 말하시오.	• 격렬한 스포츠를 정기적으로 계속하는 사람은 운동할 때 많은 양의 혈액을 필요로 하기 때문에 좌심실 근육이 두껍고 용적이 크다. 이렇게 심장 근육이 비대해진 심장을 스포츠 심장이라고 한다. • 한 번의 심박동을 통해 많은 양의 혈액을 내뿜을 수 있어 심박동은 느리지만 기능적으로 우수하며, 최대치의 움직임 후 다시 정상으로 회복되는 시간도 빠르다.
Q64. 추진력의 의미를 말하시오.	어떠한 물체를 밀어 앞으로 내보내는 힘, 즉 수영에서 물을 밀어 앞으로 나아가는 것을 말한다.

Q65. 부력에 대하여 아는 대로 말하시오.	• 어떠한 물체를 뜨게 하는 힘을 부력이라고 한다. 어떤 물체든 밀도가 1보다 작으면 물에 뜨고, 1보다 크면 가라앉는다. • 사람의 뼈와 근육의 밀도는 1보다 크고 지방의 밀도는 1보다 작다. • 물에 뜨려는 성질을 양성부력, 물에 가라앉으려는 성질을 음성부력이라 한다.
Q66. 중성부력의 의미를 말하시오.	몸의 무게가 물의 비중보다 높지도, 낮지도 않아 뜨지도, 가라앉지도 않는 현상을 뜻한다.
Q67. 브로큰 스윔에 대하여 아는 대로 설명하시오.	• 목표거리를 1/2 혹은 1/4로 나누어 짧은 휴식을 가지며 훈련하는 방법을 뜻한다. • 예를 들어 200m 기록단축을 위한 브로큰 스윔은 50m를 4회로 나누어서 실시한 후 각 회마다 5~10초 휴식하는 방식이다.
Q68. 하이폭식 트레이닝에 대하여 아는 대로 설명하시오.	• 기존 호흡 패턴이 아닌 인위적으로 스트로크 수를 증가시켜 호흡을 제한하는 저산소 훈련 트레이닝이다. • 홀수(1/3/5/7/9), 짝수(2/4/6/8/10)로 나뉜다.
Q69. 영법 중 가장 느린 영법을 말하고, 그 이유를 설명하시오.	가장 느린 영법은 평영이다. 평영은 다른 영법과는 달리 킥과 스트로크가 1회로 한정되어 있으며, 호흡 시 저항을 가장 많이 받아 속도가 급감하고 스트로크 피니시와 킥 추진으로 다시 나아가는(stop and go) 영법이다. 그렇기 때문에 한 번의 추진을 받았을 때 저항을 최소화해야 하므로 유선형이 매우 중요한 영법이다.

Q70. 접영의 교수법에 대하여 설명하시오.	• 접영발차기, 몸통 웨이브, 한 팔 접영, 양팔 접영으로 크게 나누어 분습법으로 지도한다. • 단, 학습자의 신체특성을 고려하여 가동범위 내로 안전하게 지도하는 데 중점을 둔다.
Q71. 분습법과 전습법에 대하여 설명하시오.	분습법은 영법기술을 터득할 때 각 부분동작을 분리하여 하는 연습동작을 의미하고, 전습법은 영법의 부분동작을 합쳐서 하는 연습법을 의미한다.
Q72. 자유형에서 추진력을 얻는 방법을 말하시오.	자유형에서 추진력은 물을 밀어내는 풀 피니시 구간과 킥 동작에서 크게 얻을 수 있다. 추진력을 극대화시키기 위해서는 저항을 최소화해야 한다.
Q73. 유선형의 의미와 효과를 설명하시오.	형태항력과 표면항력을 최소화하는 자세로, 수영할 때 가장 필수적으로 취해야 하는 자세를 뜻한다. 유선형을 유지함으로써 불필요한 에너지를 줄여 나아가는 속도를 높일 수 있다.
Q74. P-K-C의 의미를 순서대로 말하시오.	① Pull: 다리는 움직이지 않고 스트로크로만 하는 상체 움직임을 말한다. ② Kick: 발차기 동작을 반복적으로 하는 것을 말한다. ③ Combination: 상체와 하체를 조화롭게 연결시키는 수영을 말한다.
Q75. 스컬링이란 무엇인지 말하시오.	노를 젓는 것처럼 손과 팔을 이용해 프론트(Front), 미드(Middle), 피니시(Finish), 백(Back) 등 다양한 위치에서 왕복으로 반복하는 동작을 말한다. 물감을 익힐 때 매우 좋은 훈련방법이다.

Q76. EN의 뜻과 그에 따른 훈련강도 1, 2, 3을 설명하시오.	① EN은 Endurance의 약자로 지구력 향상을 위한 훈련을 말하며 1, 2, 3은 그에 따른 훈련강도를 뜻한다. ② 훈련강도 • En1: 60~70% • En2: 70~85% • En3: 85% 이상 ③ 지구성 훈련으로, 수영하는 거리는 1,000~4,000m까지 길게 할 수 있으며 휴식시간은 10~60초 이내로 한다.
Q77. SP의 뜻과 그에 따른 훈련강도 1, 2, 3을 설명하시오.	① SP는 Sprint의 약자로 단거리 스피드 향상을 위한 훈련을 말하며 1, 2, 3은 그에 따른 훈련강도를 뜻한다. ② 훈련강도 • Sp1: 90~95% • Sp2: 95~105% • Sp3: 105% 이상 ③ 단거리 스피드 훈련으로, 수영하는 거리는 10~200m로 짧게 하며 휴식시간은 1:1~1:8 비율까지 쉴 수 있다.
Q78. Decreasing(디크리싱)과 De-cending(디센딩)에 대하여 설명하시오.	① 디크리싱: 훈련 강도, 페이스를 정해두고 일정하게 수영하되, 휴식시간을 줄여가는 훈련방법이다. ② 디센딩: 휴식시간은 일정하게 정해두고 수영 페이스를 점점 빠르게 하여 속도를 올려가는 훈련방법이다.
Q79. 네거티브 스프린트 트레이닝이란 무엇인지 말하시오.	전반 50m에는 60%, 후반 50m에는 90%로 전반보다 후반에 더 많은 힘을 쓰는 훈련이다. 후반으로 갈수록 지치는 선수들에게 효과적인 훈련방법이다.

Q80. 제세동기의 사용방법을 수영장의 경우와 일반적인 경우로 나눠서 설명하시오.	[수영장] ① 제세동기 사용 전 물기를 닦아준다. ② 제세동기를 작동시키기 위해 전원을 켠다. ③ 패치 위의 그림과 같이 오른쪽 가슴 위, 왼쪽 가슴 아래에 패치를 붙인다. ④ 심전도 확인을 하기 위해 물러선다. ⑤ 제세동 버튼이 울리면 모두에게 물러나라고 외친 뒤 즉시 제세동 버튼을 누른다. ⑥ 제세동이 완료되면 바로 심폐소생술을 이어서 한다. [일반] ① 제세동기를 작동시키기 위해 전원을 켠다. ② 패치 위의 그림과 같이 오른쪽 가슴 위, 왼쪽 가슴 아래에 패치를 붙인다. ③ 심전도 확인을 하기 위해 물러선다. ④ 제세동 버튼이 울리면 모두에게 물러나라고 외친 뒤 즉시 제세동 버튼을 누른다. ⑤ 제세동이 완료되면 바로 심폐소생술을 이어서 한다.
Q81. 심폐소생술의 방법을 순서대로 설명하시오.	① 의식확인: 흰자가 보이는 경우, 온몸이 경직 상태에 있는 경우, 혓바닥이 목구멍으로 말려 들어간 경우, 호흡으로 인한 가슴 움직임이 없는 경우 ② 신고: 119 혹은 1339 신고를 하고, 꽉 조이는 옷을 입었을 경우 벨트를 풀어 압박 준비를 한다. ③ 가슴압박: 압박점을 손바닥 아랫부분으로 30회 압박한다. ④ 호흡: 기도를 열고 코를 막아 가슴 상승이 눈으로 확인될 만큼 호흡을 2번 불어넣는다. ⑤ 반복: 30:2 비율로 구조대가 올 때까지 멈추지 않고 반복한다.
Q82. 수영장에서 일어날 수 있는 사고의 종류를 아는 대로 말하시오.	심정지, 찰과상, 골절, 쇼크, 저체온증, 저혈당, 익사, 뇌진탕 등이 있다.

Q83. 물에 빠진 사람을 구하는 방법에 대하여 아는 대로 설명하시오.	• 119에 신고 후 익수자의 위치를 지속적으로 확인해야 한다. • 익수자는 돌발행동을 할 수 있기 때문에 섣부르게 직접 구조하는 것은 옳지 않다. • 주변에 익수자가 잡고 떠있을 만한 부력이 있는 도구가 있다면 던져주어 잡고 뜰 수 있게 도와준다. • 사람이 많은 물가에는 구명환이 비치되어 있을 확률이 높으므로 구명환을 찾아 던져주어야 한다.
Q84. `노인⁺` 수영장에서 노인의 안전을 위한 장치를 말하시오.	• 미끄러운 곳에 손잡이를 설치하여 미끄러짐을 방지한다. • 중간에 쉬어 갈 수 있도록 의자가 배치되어 있어야 한다.
Q85. `노인⁺` 노인의 수영 지도에 대하여 설명하시오.	• 노인에게 수영 지도 시 안전을 최우선으로 두어야 한다. • 질환의 유무를 확인하고, 스피드와 정확한 영법을 고집하기보다는 건강 증진과 삶의 질 향상을 최우선 목표로 지도해야 한다.
Q86. `노인⁺` 노인에게 크롤 영법을 가르칠 때의 고려사항을 말하시오.	노인들은 스트로크나 킥동작을 자유자재로 하기에 유연성과 체력이 부족할 수 있다. 완벽한 동작을 억지로 구현해 내도록 하기보다는 가동범위 내에서 움직일 수 있도록 자연스러운 동작을 몸에 익힐 수 있게 도와야 한다.
Q87. `노인⁺` 노인이 물에 잘 뜨는 이유를 설명하시오.	물의 밀도는 1이다. 어떤 물체든 밀도가 1보다 작으면 물에 뜨고, 1보다 크면 가라앉는다. 사람의 뼈와 근육의 밀도는 1보다 크고 지방의 밀도는 1보다 작다. 따라서 뼈가 크고 근육질에 지방이 적은 사람은 상대적으로 물에 잘 뜨지 않는다. 반대로 노인의 경우 근육과 뼈의 밀도가 낮아서 상대적으로 잘 뜰 수 있다.

Q88. 유소년⁺ ADHD가 있는 아이에게 수영을 지도하는 방법에 대하여 설명하시오.	• 주의력이 결핍된 ADHD 아동은 집단 스포츠보다는 수영, 스키, 골프와 같은 개별적인 스포츠가 적합하다. • 한번에 여러 단계를 습득시키기보다는 한 가지 목표를 두고 지속적인 반복연습을 통해 스스로 느끼고 성취할 수 있도록 만들어주어야 한다.
Q89. 유소년⁺ 유소년 강습 지도에 있어서 중요한 점을 말하시오.	유아 강습 시 가장 중요한 부분은 안전이다. 혹시 모를 물에 대한 두려움을 없애주기 위하여 처음에는 재미있는 놀이를 통해 흥미를 유발하여 자연스럽게 물과 친해지도록 하는 것이 매우 중요하다. 이후 물에 적응했다면 영법과 놀이를 6:4 비율로 하여 영법수영으로 접근하는 것이 좋다.
Q90. 수영 초보자에게 적합한 지도 순서를 말하시오.	물과 친해지기 → 호흡법 → 물에 뜨기 → 발차기 → 팔동작 → 콤비네이션
Q91. 수영교육에서 가장 중요한 사항을 말하시오.	수영장에서는 무엇보다 안전이 가장 중요하다.
Q92. 저체온증이란 무엇인지 말하시오.	저체온증은 사람의 체온이 35℃ 이하로 떨어지는 경우를 말한다. 체온이 낮아지면 신진대사가 원활하지 못해 신체기능에 제한을 받으며 혈압이 급격히 떨어지고, 심하면 얼마 지나지 않아 사망할 수 있다. 사망의 가장 주요한 원인은 심실잔떨림이다.

Q93. 준비운동을 하는 이유를 말하시오.	혈액순환을 촉진하고 체온을 상승시켜 부상을 방지할 수 있다.
Q94. 수영의 장점을 아는 대로 말하시오.	• 전신 지구력, 근력, 유연성 등을 기를 수 있는 대표적인 전신운동이다. • 유산소 운동이며 호흡을 제한하는 운동으로 심폐지구력을 향상시켜준다. • 자신의 생명과 타인의 생명을 구할 수 있는 기본기가 되어준다. • 운동시간에 비해 에너지 소모가 크고, 운동의 강도를 조절하기 쉽다. • 부력으로 체중이 감소하여 장애인이나 비만인이 운동하기에 부담이 적다.
Q95. 트레이닝의 주기화란 무엇인지 말하시오.	팀이나 선수 개인의 트레이닝 계획에 단계별 트레이닝을 적용하여 체계적으로 변화를 주는 것을 말한다.
Q96. 체육의 날에 대하여 아는 대로 설명하시오.	1962년 10월 15일 국민체육진흥법에 의하여 지정되었다. 국민의 체력 향상을 위해 각종 체육행사와 아울러 올림픽의 이상을 구현하기 위하여 지정한 날이다.

Q97. 생활체육의 의미와 그 역할에 대하여 아는 대로 말하시오.	① 의미: 일반 대중이 주체이며, 삶의 질 향상을 위한 생활화되는 체육을 말한다. ② 역할 • 생리적 역할: 건강의 발달과 유지, 질병의 예방 및 치료 • 심리적 역할: 긴장 및 스트레스 완화 • 사회적 역할: 타인과의 융합, 사회구성원으로서의 역할 참여
Q98. 생활체육 프로그램을 구성요소과 구성 시 고려해야 하는 부분을 말하시오.	[구성요소] 대상자 연령, 생활체육 목표, 프로그램명, 지도내용, 사용도구 등 [구성 시 고려해야 하는 부분] ① 참여자 중심으로 실행하고 있는가? ② 지도자와 참여자 간 인간적인 상호작용을 통해 구현되고 있는가? ③ 프로그램 계획서에 따라 운동하되, 지도자와 참여자의 합의에 의하여 효율적인 활동을 수반하는가? ④ 안전사고 예방 여부를 확인하고 있는가?
Q99. 스포츠지도자로서의 자질을 아는 대로 말하시오.	의사 전달 능력, 타인의 감정에 대한 공감 능력, 활발하고 강인한 성격, 도덕적 품성, 사명감, 동기부여, 공정성 등
Q100. 스포츠지도자의 역할에 대하여 설명하시오.	① 안내자의 역할: 올바른 방향으로 지도 ② 지시자의 역할: 활동과제 설명, 목표설정 및 지도 ③ 행사자의 역할: 활동에 몰입할 수 있도록 동기유발 및 지도

MEMO

특별부록

수영 용어

SWIM
MING

M스포츠정드사 수영 실기구술 안전정복

수영 용어

All out	전력으로 수영
Anchor man	계영 종목에서의 최종 주자
Arm recovery	팔 되돌리기
Back float	누운 자세로 뜨는 것
Back ward	개인혼영 역순으로
Beat	발차기 박자, 2비트, 4비트, 6비트 박자
Blind	수영할 때 호흡하지 않는 쪽을 말함 예 오른쪽 호흡 시 왼쪽이 블라인드
Broken	100m, 200m 등 거리를 2분할 혹은 4분할하여 정해놓은 짧은 휴식 (5~10초)을 가지는 것을 반복하여 전·후반 젖산 극복을 위한 훈련 방법
Catch	물잡기
Catch point	물잡는 최적의 포인트
Combination	킥과 풀의 연결되는 수영
Course line	• 레인 바닥에 "T" 모양으로 그어져 있는 선 • 이 선을 보고 턴, 터치를 맞출 수 있음
Course rope	• 철사 로프에 동그란 플라스틱을 꿰어 놓은 줄 • 레인별로 구분을 지으며 파동항력을 줄여줌 • 5m, 15m, 25m, 35m, 45m마다 표시가 되어 있음

Decreasing	훈련 강도, 페이스를 정해두고 일정하게 수영하되 휴식시간을 줄여가는 훈련방법
Descending	개수를 정해두고 점점 빠르게 속도를 올려가는 훈련방법
Dolphine kick	스트로크 없이 접영 다리동작으로만 이어서 하는 발차기
Down sweep	아래로 젓기
Drag	저항
Drill	각 종목의 세부 교정 운동
Endurance	지구력
Entry	입수
Fin	오리발
Finish	마무리 물을 밀어내는 마지막 구간
Flexibility	유연성
Flip turn	앞구르기하듯 몸을 둥글게 말아 회전하여 빠르게 전환하는 턴 (=Quick turn)
Flying	출발 심판에 의해 "Take your mark" 후, 부저가 울리기 전 몸을 움직이거나 부정출발을 하는 경우
Forming	정확하게 자세를 유지하며 수영
Fouls start line	부정출발 후 역영하는 선수들을 멈추게 하기 위해 15m 위치에 풀을 가로질러 설치한 하얀 줄
Freestyle relay	계영
Glide	수면, 수중에서 미끄러져 이동하는 것

Head up	머리 들고 수영
In sweep	안으로 젓기
Individual medley	개인혼영
Indoor pool	실내수영장
Interval training	일정한 휴식을 가지며 하는 훈련
Lane	1, 2, 3, 4, 5, 6, 7, 8 번호로 경계를 나누어 놓은 구간(레인)
Lap time	구간기록
Lift	양력
Lung burster	거리마다 호흡 수를 줄이는 수영
Madley relay	혼계영
No breathing	무호흡 수영
Offical record	공인기록
Over distance	장거리
Paddle	패들
PKC	pull, kick, combi의 줄임말
Pull	물밀기
Recovery	되돌리기
Rolling	• 수영 중 몸의 축을 중심으로 좌·우로 회전하는 것 • 자유형과 배영에서 사용됨
Side turn	사이드 턴

Speed progressive	속도를 점점 증가하여 수영
Start dash	다이빙하여 빠르게 수영
Starting block	출발대
Stream line	유선형
Take over	계영 시 선수 연결되는 순간
Take your marks	• 출발 부저가 울리기 전 "선수 제자리에(=차렷)"와 같은 호령 • 이때 몸을 움직이면 실격이 될 수 있음
Tapering	목표로 하는 시합을 위한 체계적이고 강도 있는 훈련을 한 뒤, 시합 기간에 맞춰 양보다 질을 중요시하는 조정기간
Time race	조 순위에 관계없이 기록이 빠른 순서로 결승에 진출하는 예선
Under High elbow	물속 팔꺾기(캐치)
Up high elbow	물밖 팔꺾기(리커버리)
Up sweep	위로 젓기
Warm down	심박, 체온을 내리는 단계(정리운동)
Warm up	심박, 체온을 올리는 단계(준비운동)
Wedge kick	평영 다리동작 중 무릎을 많이 벌려 차는 킥
Whip kick	평영 다리동작 중 무릎을 좁게 벌려 차는 킥
WORLD AQUATICS	국제수영연맹의 명칭

참고문헌

- 서울특별시 수영연맹 홈페이지

- 대한수영연맹 홈페이지

- WORLD AQUATICS 공식홈페이지

- 『가장 빠른 수영』 ERNEST W. MAGLISCHO. 대한미디어(2009)

- 『수영 체육지도자 훈련지도서』 체육과학연구원

- 『수영 경기운영론』 육현철. 광림북하우스(2012)

- 「스포츠 지도자의 리더십 유형에 따른 윤리 의식 및 태도」 이영환. 영남대학교(2001)

저자 약력

이현진 대표

- 단국대학교 생활체육학, 운동처방학 전공
- 스포츠지도자 자격 취득
- LOVELY SWIMMMER 유튜브 수영 강의 채널 운영
- TEAMLUS 수영 클럽 운영

저서

- 『퍼펙트 수영교본』(삼호미디어)
- 『로망으로 남기지 마, 수영!』(지식인하우스)

- 유튜브: https://www.youtube.com/@LEESUMMER/
- 인스타그램:https://www.instagram.com/lovelyswimmer/

M스포츠지도사 수영 실기 · 구술 완전정복

초판발행	2023년 5월 30일
개정판발행	2024년 5월 10일

지은이	이현진
펴낸이	안종만 · 안상준

기획/편집	김민경
기획/마케팅	차익주 · 김락인
디자인	이수빈
제 작	고철민 · 조영환

펴낸곳	(주) **박영사**
	서울특별시 금천구 가산디지털2로 53, 210호(가산동, 한라시그마밸리)
	등록 1959.3.11. 제300-1959-1호(倫)
전 화	02)733-6771
f a x	02)736-4818
e-mail	pys@pybook.co.kr
homepage	www.pybook.co.kr
ISBN	979-11-303-1989-6 13690

정 가   20,000원

믿고 보는 M스포츠 시리즈

실기 · 구술 시리즈

M스포츠지도사
실기 · 구술 완전정복
보디빌딩

김준수 편저

M스포츠지도사
실기 · 구술 완전정복
태권도

이숙경 · 곽택용 · 진승태 편저

M스포츠지도사
실기 · 구술 완전정복
축구

장재훈 편저

M스포츠지도사
실기 · 구술 완전정복
수영

이현진 편저

M스포츠지도사
실기 · 구술 완전정복
배드민턴

김동문 편저

M스포츠지도사
실기 · 구술 완전정복
농구 ebook

M스포츠연구소 편저

M스포츠지도사
실기 · 구술 완전정복
배구 ebook

M스포츠연구소 편저

수영
실기·구술 완전정복

1급 · 2급 생활 | 유소년 | 노인 스포츠지도사 시험 대비

출제위원급
전문저자 집필

실기 · 구술
필수 상식

구술대비
실전문답

www.sportsedu.kr
PY 러닝메이트

수험생 여러분의 합격을 진심으로 기원합니다.

PRINTED WITH
SOY INK.

값 20,000원 ISBN 979-11-303-1989-6 (13690)

• 환경을 생각하여 **콩기름 잉크**로 제작했습니다.
• 파본은 구입처에서 교환하시기 바랍니다.

스포츠지도사

배드민턴

실기·구술 완전정복

김동문 편저

✓ 배드민턴 실기·구술의 합격 바이블

✓ 출제위원급 교수님이 정리한 배드민턴 필수상식

✓ 구술 완전정복을 위한 실전문답

✓ 최신 경기규칙·실기유형 반영

PY
LEARNING
MATE

저자 소개

김동문 교수

(현) 원광대학교 스포츠과학부 교수
(현) SBS 해설위원
(현) 전라북도체육회 이사
(현) 1급 전문 스포츠지도사(문화체육관광부)
(현) 2급 배드민턴 심판자격증
(전) FISU 세계대학스포츠연맹 기술위원
(전) 대한체육회 대한대학스포츠위원회 위원
(전) 대한배드민턴협회 경기력향상위원회 위원
(전) 한국대학배드민턴연맹 스포츠공정위원회 위원장
(전) 대한체육회 배드민턴 국가대표 코치
(전) 캐나다 배드민턴 국가대표 코치
(전) 올림픽 금메달 ('96 애틀란타올림픽', '04 아테네올림픽')
(전) 아시안게임 금메달 ('98 방콕아시안게임', '02 부산아시안게임')
(전) 세계선수권 금메달 ('99 남자복식/혼합복식', '03 혼합복식/혼합단체전')

스포츠 자격증 정보는 여기에서!

NAVER
네이버 카페 QR코드 접속

https://cafe.naver.com/sportspass